教师职业技能系列教材

# 中学生心理辅导

主编　闻素霞　　副主编　许菲

华东师范大学出版社
上海

**图书在版编目(CIP)数据**

中学生心理辅导/闻素霞主编. —上海:华东师范大学
出版社,2014.7
ISBN 978 - 7 - 5675 - 2322 - 7

Ⅰ.①中…　Ⅱ.①闻…　Ⅲ.①中学生-心理辅导
Ⅳ.①G479

中国版本图书馆 CIP 数据核字(2014)第 168270 号

## 中学生心理辅导

主　　编　闻素霞
项目编辑　吴海红
审读编辑　帅　男
责任校对　王　卫
装帧设计　孔薇薇

出版发行　华东师范大学出版社
社　　址　上海市中山北路 3663 号　邮编 200062
网　　址　www.ecnupress.com.cn
电　　话　021 - 60821666　行政传真 021 - 62572105
客服电话　021 - 62865537　门市(邮购)电话 021 - 62869887
地　　址　上海市中山北路 3663 号华东师范大学校内先锋路口
网　　店　http://hdsdcbs.tmall.com

印 刷 者　江苏句容市排印厂
开　　本　787×1092　16 开
印　　张　13
字　　数　227 千字
版　　次　2014 年 8 月第 1 版
印　　次　2021 年 12 月第 5 次
印　　数　7 401—8 500
书　　号　ISBN 978 - 7 - 5675 - 2322 - 7/G·7511
定　　价　30.00 元

出 版 人　王　焰

# 前　言

随着社会和学校对学生心理健康教育的日渐重视,对在校师范专业学生进行学校心理辅导工作能力的训练也显得日益重要。

本书的编写紧扣中学心理健康教育的需要,在吸纳中学生心理辅导最新成果的基础上,改变以往以理论知识为重点的教材编写模式,强调对学生进行从事心理辅导工作的基本能力,如心理健康评估能力、个体心理辅导能力、团体心理辅导能力、心理健康活动课程设计能力等的培养,同时也强调关注辅导者自我成长的重要性。

本书由闻素霞任主编、许菲为副主编。全书共八章。各章的编写人员是:焦江丽(第一章)、刘毅(第二章)、买合甫来提·坎吉(第三章第一、第二节)、刘贵雄(第三章第三节)、李莉莉(第四章)、许菲(第五章、第六章)、陈佳昕(第七章)、热合玛依·阿不都外力(第八章)。最后的统稿工作由闻素霞负责。

本书适合高等师范院校学生、中学教师和其他心理健康教育工作者阅读。

本书在编写的过程中,得到了华东师范大学出版社的大力支持和帮助;编写过程参阅了同行大量的相关研究。在此,一并表示衷心的感谢!

由于编者水平的局限,难免还有疏漏和不妥之处,恳请专家和读者批评指正,以便将来做进一步修订工作。

编者
2014 年 5 月

# 目　录

第一章　绪论 / 1

　第一节　心理辅导概述 / 1

　　一、心理辅导的概念 / 1

　　二、中学生心理辅导的目标 / 3

　　三、中学生心理辅导的内容 / 6

　第二节　心理辅导的起源与发展 / 6

　　一、国外中学生心理辅导的兴起 / 7

　　二、我国内地中学生心理辅导 / 10

　第三节　中学生心理辅导的方式 / 13

　　一、教育教学中的心理辅导 / 14

　　二、心理辅导活动课程 / 17

　　三、个案辅导 / 17

　　四、团体辅导 / 18

　　五、中学生心理剧辅导 / 18

第二章　中学生心理辅导的内容 / 21

　第一节　学习辅导 / 21

　　一、学习辅导的概念 / 21

　　二、学习辅导的主要任务 / 22

　　三、学习辅导的内容 / 22

　第二节　人格辅导 / 26

　　一、人格辅导的概念 / 26

　　二、人格辅导的主要任务 / 26

　　　三、人格辅导的内容 / 27

　　第三节　生活辅导 / 30

　　　一、休闲辅导 / 31

　　　二、消费辅导 / 33

　　第四节　职业辅导 / 36

　　　一、职业辅导的概念 / 36

　　　二、职业辅导的目标 / 37

　　　三、职业辅导的任务 / 37

　　　四、职业辅导的内容 / 38


第三章　中学生心理健康及其评估 / 46

　　第一节　心理健康概述 / 46

　　　一、现代健康观 / 46

　　　二、心理健康状态的等级划分 / 48

　　　三、心理健康的标准 / 48

　　第二节　影响中学生心理健康的因素 / 51

　　　一、生物学因素 / 51

　　　二、个人因素 / 52

　　　三、家庭因素 / 54

　　　四、学校因素 / 57

　　　五、社会因素 / 58

　　第三节　中学生心理问题评估 / 59

　　　一、心理评估的方法 / 59

　　　二、常用的心理测验 / 61


第四章　中学生心理辅导的理论 / 72

　　第一节　行为主义理论 / 72

　　　一、经典条件反射的两个实验及其原理 / 73

　　　二、操作性条件反射的两个实验及其原理 / 74

　　　三、班杜拉的观察学习实验及其原理 / 76

第二节　人本主义理论 / 77

一、人本主义视野中人的形象 / 78

二、成为你自己——马斯洛的自我实现理论 / 79

三、个体现象学——罗杰斯的以个人为中心理论 / 82

第三节　理性—情绪理论 / 83

一、理性—情绪理论的人性观 / 83

二、心理健康与心理失调 / 84

三、分析和确定心理问题的 ABC 理论框架 / 85

第四节　社会建构论 / 88

一、社会建构论的基本内容 / 89

二、社会建构论影响下的心理治疗 / 89


第五章　个体心理辅导 / 93

第一节　个体心理辅导概述 / 93

一、个体心理辅导的概念 / 93

二、个体心理辅导的过程 / 94

第二节　个体心理辅导的会谈技术 / 98

一、非言语技巧 / 98

二、倾听的技术 / 100

三、影响的技术 / 104

第三节　个体心理辅导的常用方法 / 107

一、行为干预技术 / 107

二、理性情绪疗法 / 118

三、焦点解决短期心理辅导 / 124


第六章　团体心理辅导 / 131

第一节　团体心理辅导概述 / 131

一、团体及其常见类型 / 131

二、团体的特征 / 132

三、团体心理辅导的基本原理 / 133

四、学校常见的团体辅导模式 / 133

第二节　团体心理方案的设计与实施 / 134

一、团体心理辅导的目标与主题 / 134

二、团体心理辅导的方案设计 / 135

三、团体成员的选择与发动 / 139

四、团体心理辅导的实施过程 / 140

五、团体心理辅导的效果评估 / 145

第三节　团体心理辅导常用技术 / 146

一、反应的技术 / 146

二、互动的技术 / 147

三、行动的技术 / 147

第四节　团体辅导在中学生班级团体中的应用 / 148

一、中学生班级成员心理特点 / 148

二、班级团体辅导的性质和特点 / 150

三、班级团体辅导方案设置 / 151


第七章　心理健康教育课程设计 / 159

第一节　心理健康教育课程概述 / 159

一、心理健康教育课程的概念 / 159

二、学校心理健康教育课程的要素 / 160

第二节　心理健康教育课程的活动设计 / 161

一、活动设计原则 / 161

二、心理健康教育课程的活动形式设计 / 162

第三节　心理健康教育课程课例示范 / 165

一、学习辅导课例示范——《一切重新开始》/ 165

二、人格辅导课例示范——《优点大集合》/ 169

三、生活辅导课例示范——《我的心情我做主》/ 172

四、职业辅导课例示范——《时间隧道——生涯规划与选择》/ 174

**第八章　辅导者的个人成长** / 180

　第一节　构建积极的自我概念 / 180

　　一、自我概念 / 180

　　二、认识自我 / 182

　　三、悦纳自我 / 184

　第二节　辅导者的情绪调适 / 185

　　一、新手辅导者如何应对焦虑与担心 / 185

　　二、关注心理辅导者的反移情 / 186

　　三、心理枯竭的应对 / 188

　第三节　辅导者的专业成长 / 189

　　一、教师成为心理辅导员的意义 / 189

　　二、心理辅导员胜任特征 / 189

　　三、如何成为有效的心理辅导员 / 191


**参考文献** / 197

# 第一章　绪论

【学习目标】

【学习目标】

1. 掌握心理辅导的基本概念。

2. 了解心理辅导的内容。

3. 掌握中学生心理辅导的几种方式,并能将这几种辅导方式应用于实际生活中。

4. 了解心理辅导的起源与发展。

## 第一节　心理辅导概述

心理辅导有助于促进学生心理健康和人格健全发展。开展心理辅导,先要弄清心理辅导的概念、内容、历史及其现状与发展趋势。

### 一、心理辅导的概念

#### (一) 辅导及其特征

"辅导"一词,在英文里对应的术语是"guidance",有"引导辅助别人"的意思。国内学者张春兴对辅导的定义是:辅导是一个教育的历程,在辅导历程中,受过专业训练的辅导人员,运用其专业知识,协助受辅者了解自己,认识世界,根据其自身条件(如能力、兴趣、经验、需求等)建立有益于个人和社会的生活目标,并使之在教育、职业及人际关系等方面的发展上,能充分展现其性向,从而获得最佳的生活适应。

张春兴指出辅导有四个特征:其一,辅导是连续不断的历程,人的一生任何阶段均需要辅导;其二,辅导是合作和民主式的协助,根据受辅者的需求进行辅导,而非强迫式的指导;其三,辅导重视个别差异,旨在配合个人条件,辅其自主,导其自立;其四,辅导的目标是个人与社会兼顾,期使个体在发展中既利于己,也利于人。①

"辅导"应与"咨询"区别开来,"咨询"对应的英文为"counseling","辅导"与咨询的主要区别在于咨询是一个再教育或习惯矫治的历程。在此历程中,受过专业训练的辅导员,运用其专业知识,对生活适应困难或心理失常者给予适当的帮助,使之改正不良习惯,重建人格,从而恢复其健康人生。

### (二) 心理辅导及其含义

根据学校对中学生教育的目标,中学生心理辅导可以界定如下:

中学生心理辅导,是指教育者运用心理学、教育学、社会学、行为科学乃至临床心理学等多种学科的理论和技术,通过集体辅导、个别辅导、教育教学中的心理辅导以及家庭心理辅导等多种形式,帮助中学生自我认识,自我接纳,自我调节,从而充分开发自身潜能,促进其心理健康与人格和谐发展的一种教育活动。②

这个表述包含以下几点含义:

1. 中学生心理辅导的直接目标是提高全体中学生的心理素质,最终目标是促进中学生人格的健全发展。

2. 中学生心理辅导是帮助中学生开发自身潜能、促进其成长发展的自我教育活动,通过他助、互助,培养其自助能力。

3. 中学生心理辅导是具有现代教育理念的方法和技术,它不是一种带有指示性的说教,而是耐心细致的聆听和诱导;它不是一种替代,而是一种协助和服务。③

【阅读资料】

#### 心理辅导是什么?

随着社会的飞速发展,越来越多的人开始承受着竞争、分流、下岗、失业、淘汰等更多的压力,我们的心灵不堪重负,许多人开始懂得求助心理辅导,可就是不明白心理辅导是什么,干什么,能达到什么……

在许多人眼里,看"心理医生"是件很丢脸的事,以为有精神病的人才去。很多人

---

① 张春兴. 张氏心理学辞典[M]. 上海:上海辞书出版社,1992:292.
② 吴增强,等. 现代学校心理辅导[M]. 上海:上海科学技术文献出版社,1998:2—5.
③ 吴增强. 学校心理辅导通论(原理 方法 实务)[M]. 上海:上海科技教育出版社,2004:20.

宁愿饱受精神上的痛苦折磨,也不愿或不敢前去求助心理辅导。其实,心理辅导是现代人的一种精神享受,是让您和家人终身受益的事,是您的"精神美容"。它是比您表面的皮肤美容更应注重的事情,是生活中一件很自然的事情,而非见不得人的事。心理辅导场所接待的就是普通的正常人,成人的情感问题、自我探索、学生的学习焦虑、人际烦恼……解决正常人日常生活中所遇到的种种烦恼,当你有不愿对熟悉的人、跟家人亲戚也不合适讲的事情或烦恼时,心理辅导场所正是给您提供这样一种让你放心的、舒适的环境,它跟医院把你当病人有着本质的区别。

心理辅导应给人以什么样的感觉?教导、耻辱、羞愧的感觉,还是见不得人的感觉?这是长久以来人们对心理辅导的误解。那么,心理辅导到底应该给以人以什么样的感觉?

有些人说心理辅导就是给人愉悦的感觉,这说对了一半,因为心理辅导确实力图使人开心。但使人开心的事情一般人都会做。例如:一个人失恋或失婚,他可以找个亲朋好友倾诉一番或哭诉一场,即时就可以得到许多宽心的话,也可以得到不少精神安慰。于是他变得开心些了,但开心之后还得到什么呢?这便是心理辅导所要解答的问题。心理辅导不同于一般的心理安慰,它不仅要使人开心,更要使人成长。这里的成长,就是通过辅导过程,使来询者自己想明白了,认清了问题的本质,知道以后遇到类似问题该怎样应对,达到人们常言的"心理平衡"。

所以,使人开心只是心理辅导的前奏曲,而使人成长才是心理辅导的主旋律。心理辅导力图使个人将不愉快的经历当作自我成长的良机,它竭力使人们积极地看待个人所经受的挫折与磨难,从危机中看到生机,从困难中看到希望。从这层意义上讲,心理辅导也在于帮助人学会辩证地看待生活当中的忧愁烦恼。但这一切不是靠指教劝导得来,而是靠启发领悟获得。

## 二、中学生心理辅导的目标

培育学生健全的人格是发展性心理辅导的基本宗旨,结合国内学者的观点,可以将中学生心理辅导的目标概括为以下三大目标:

### (一)积极的自我意识

自我是一个复杂的人格系统,自我意识是人格组成的核心成分。个体拥有积极的自我才能拥有健全的自我,才能具有良好的适应性与自主性。心理辅导在本质上是一门认识自我、管理自我和完善自我的科学。

**（二）健康的情绪和情感**

情绪和情感健康是心理健康的重要组成部分，也是健康的重要保证。

目前中学生心理辅导中比较重视情绪辅导，而往往忽略了情感辅导。其实，从当代心理咨询理论的发展来看，情感的地位和作用越来越得到重视。以下举例说明：

同感：把自己置于与他人相同的地位，去体验和理解别人。通俗地说，就是设身处地地为别人考虑。人在这种情感中，不是把别人当作自己的对象，与他人的联系方式不是"由我到你"，而是"我即你"，在自己的内心里体验另一个人所体验的事物。

爱：爱是一种对世界和自己的情感，这种情感是一个人人生态度的基础，它决定了个人与世界的联系方式。爱是双向的，即要被人爱，也要爱别人。弗洛姆曾批评那种把爱看作是被爱，而不是主动去爱的观点，他认为这是现代人对爱的一种误解。当一个人既能接受爱，又能够主动地给予别人爱的时候，就会变得富有人格魅力，受人欢迎。

责任感和正义感：责任感表现为个人主动关心他人、集体、家庭和社会。正义感是与责任感密切联系的情感，它鼓舞人们见义勇为、扬善惩恶和主持公道。

当个体具备了这些积极的情感时，就不会产生双重人格，不会表里不一，不会带着假面具，其人格才会和谐发展。

**（三）发挥自身潜能**

每个人都有潜能，只是大小不同。每个人的智慧和才能水平都有两个状态：一个是潜在的状态，这就是我们说的潜能；另一个是实际表现状态。潜在状态不等于实际表现状态，在这两个状态之间存在一个空间，类似于维果茨基讲的"最近发展区"。这就如同一个跳高运动员，他有跳 2 米 30 的实力，但未必能够在比赛中跳过这个高度。开发潜能，就是要让学生实际的表现接近或达到他潜在的能力水平。

发展性心理辅导的目标就是健全人格、开发潜能。这两者之间不是相互割裂，而是密切联系的。积极的人格因素是发挥学生潜能的内在动力，发挥潜能是促进学生人格发展的目标。

1. 积极自我信念与学生潜能

自我效能对于人的潜能开发意义重大。许多研究支持这样一个结论，即在同等智力条件下，自我效能能够决定个体成就表现的高低。例如：班杜拉和赛冯（1983）所做的研究发现,高自我效能对维持作业的持久性有明显的作用。这是因为在一定的任务情境或者卷入某一情境时,我们的情感反应是各不相同的。显然,个体对自己能力感到有信心的情况,与他感到不确定或者无能力的情况相比,个体的思维、情感和行为是完全不同的。

2. 积极情绪状态与学生潜能

随着脑科学的深入研究,人们发现情绪对智力潜能开发的作用越来越大,其中有两项成果引人注目。

一是杏仁核在情绪反应乃至大脑整体结构中起关键作用。美国纽约大学神经科学中心的脑科学专家勒杜发现,情绪的神经通路在新皮质之外,专司情绪事务的杏仁核在大脑整体结构中作为情感中枢起着关键作用。作为情绪前哨,杏仁核占据着优势,有能力造成大脑神经中枢"短路"。它对脑功能,包括思维有着重要影响。

二是情绪的分子生物学基础。作为知识积累基础的长时记忆的分子生物学结构相当复杂,不仅包括不同神经细胞同信息传递的神经递质、受体、离子通道等数以百计的分子,还包括细胞质内的大量信号传导通路中的许多分子转换事件,更包括细胞核内的基因调节蛋白调节基因表达的过程。

情绪的脑科学研究成果,为我们在课堂教学中开发学生的潜在学习能力,提高学习效率提供了科学依据。

3. 好奇心、求知欲与学生潜能

潜能的开发需要创造的激情和冲动。没有这种热情和冲动,就不可能使人达到潜能的激发状态。而创造的激情和冲动首先来源于对事物的好奇。达尔文童年时期记忆力不好,外语成绩很差,中学因成绩低下而退学,但他从小学至大学,一直喜欢捉虫,对昆虫的兴趣,使他孜孜不倦地研究,建立了生物进化论,使其潜能得到最大程度的开发。没有好奇心和求知欲,达尔文可能只是个有一堆学校失败记录的平庸之辈。如果教育是以儿童的成长为出发点,就应该处处启发、保护孩子对事物、对知识的好奇。不幸的是,我们的教育常常在把孩子推向另一个方向,把儿童的大脑看作是一个可以填充东西的容器,无视他们的需求和天性,一味灌输,致使孩子头脑里的知识装得越多,求知欲、探究欲越少,对学习的兴趣也逐渐丧失。[1]

① 吴增强.学校心理辅导通论(原理 方法 实务)[M].上海:上海科技教育出版社,2004:22—25.

## 三、中学生心理辅导的内容

中学生心理辅导内容主要包括:学习辅导、人格辅导、生活辅导和职业辅导。

**(一) 学习辅导**

学习辅导指教师运用学习心理学及其相关理论指导学生的学习活动,提高其认知、动机、情绪、行为等学习心理品质与技能,并对学生的各种学习问题进行辅导。

**(二) 人格辅导**

人格辅导指对学生的自我意识、情绪和情感、意志品质、人际交往和沟通、青春期性心理、青少年危机问题进行辅导,培养其良好的个性心理品质和社会适应能力。

**(三) 生活辅导**

生活辅导即通过休闲辅导和消费辅导,培养学生健康的生活情趣、乐观的生活态度。这对学生将来获得幸福而充实的生活具有潜在的影响,同时对发展他们的个性、增长才干、提高学习效率也具有正迁移作用。

**(四) 职业辅导**

升学与择业是人生发展的必然过程,是事关个人前途的重大事件。职业辅导是为学生未来的生活做准备的教育活动,旨在帮助学生在了解自己的能力、特长、兴趣和社会就业条件的基础上,确立自己的职业意向,进行职业选择和准备,为今后顺利踏入社会打下良好的基础。

# 第二节 心理辅导的起源与发展

学校心理学(school psychology)作为心理学的分支学科之一,产生于19世纪末,历经百年的沧桑与嬗变,如今已成为心理学领域最活跃、最有生机的学科之一。在美国、日本等国家,学校心理学的发展对促进学校教育进步,拓展心理学的发展领域具有极其重要的作用。我国内地虽然起步甚晚,但也在理论和实践上努力进行尝试。为了满足学校心理学的实际需要,推进学校心理学的理论探索与实践服务,有必要追溯中学生心理辅导的发展历史,把握国内外中学生心理辅导发展的动态,掌握中学生心理辅导进一步发展的理念与方向。

## 一、国外中学生心理辅导的兴起

20世纪前30年是心理辅导的创始期,其中心在美国,接下来的时间里,心理辅导在各国的传播成为其发展趋势,创始期所创建的理论、实践模式不断得到许多国家的认同。与此同时,心理辅导因其对教育发展和学生发展的贡献而得到政府和学校的重视,美国、加拿大、比利时、法国、英国、荷兰等国家,在开展这项工作时均取得了许多成功的经验,到20世纪末,心理辅导已形成了比较繁荣的局面。

### (一)美国的中学生心理辅导

在20世纪的上半叶,美国在中学生心理辅导的理论研究、推广普及和管理方面,仍然处在世界的前列。理论上,罗杰斯(C. R. Rogers)的名著《心理咨询和心理疗法》的出版开创了心理咨询的新纪元,罗杰斯对传统的以咨询者为中心的方法提出了挑战,他提出以当事人为中心,给当事人自我认识的机会。由于罗杰斯治疗模式的影响,中学生心理辅导的重心发生了转移,心理辅导转变成以情绪人格辅导为主的心理辅导,其范围更加宽广了。20世纪50年代后期,在埃里克森(E. Erikson)的生命全程发展观的影响下,美国学校心理学者又开展了发展性心理辅导的研究,关心学生在不同发展阶段面临的任务及对应策略的研究,并强调对各种心理冲突和危机的早期预防和干预,以帮助学生顺利成长。

1. 美国中学生心理辅导的组织和辅导内容

心理辅导在美国的推广普及,主要体现在人员培训、组织机构的建设和管理上。现在,多数州要求大约每300名学生应配备一名专职指导人员,他们一般由具有硕士学位水平的人员担任,并具有州政府颁发的从业证书。美国有400多所高校设有辅导专业。大学成了心理辅导专业人员的培养基地。从组织来看,20世纪50年代,美国人事与指导协会(America Personal and Guidance Association,简称APGA)的成立对中学生心理发展有深远的影响,它把心理咨询、职业指导等多领域的心理学工作者组织起来,使全美心理辅导工作更有组织性。美国学校咨询协会(American school Counselor Association)于1953年加入APGA,20世纪70年代,APGA发展成一个具有强大活力的专业学术组织,并制定了心理咨询硕士学位专业教育标准和心理咨询博士学位专业教育标准,这使得美国心理学专业人员的培养更加科学化、标准化。1993年,APGA更名为美国咨询和发展协会(American Association for Counseling and

Development,简称 AACD)。1990 年,AACD 成员达到了 58 000 人,AACD 始终支持着中学生心理辅导的发展,使得组织机构的支持和服务成为美国心理辅导发展的一大特色。1992 年,AACD 的分会美国学校咨询协会发表了《孩子是我们的未来,2000 年的学校咨询》发展规划,成了美国中学生心理辅导发展史上的又一重要事件,表明了 AACD 对心理辅导发展的重要作用。

现今美国的心理辅导在发展性理论的指导下已具有较为丰富的辅导内容,诸如协助学生拟定课业表,安排学生与企业代表见面,帮助学生解决因父母离异而产生的疑难,指导学生改正吸毒习惯,讲授结交朋友的技巧和约会须知,甚至帮助学生巧妙地通过考试等。

2. 美国中学生心理辅导人员的培养

1954 年,美国心理学家协会(NASP)召开的塞耶大会(Thayer Conference)是对学校心理学专业训练规范化最有影响的一次大会。当时只有 28 所大学设有学校心理学专业,其中只有 10 所大学有资格授予博士学位。在 1960—1980 年间,学校心理学专业大量增加。到 1999 年,全美国已有 218 所研究生院设有学校心理学专业,其中五分之一的学校心理学专业能授予博士学位,其余授予硕士学位和学校心理学专家资格证书。

学校心理学的课程也按美国学校心理学家协会(NASP)或美国心理学会(APA)的规定而设置。学校心理学专业的核心课程包括五个方面:

(1) 心理学基础课程,如人类学习理论、行为的生物学因素、行为的社会及文化因素、发展心理学、认知心理学、社会心理学、生理心理学等。

(2) 教育学基础课程,如特殊学生的教育、学习辅导技术、学校的管理与运作等。

(3) 心理诊断与干预,如心理教育测量、行为矫正技术、心理咨询与心理治疗、青少年性格测量、咨询会诊、神经心理测量等。

(4) 心理学统计与研究方法,如研究方法、统计学、心理测量学、项目评估等。

(5) 职业心理课程,如学校心理学家的任务和职责、职业道德与服务标准等。

一般来说,硕士生需要三年的时间完成所有的核心课程和选修课程,而博士生则要花四年的时间。此外,博士生还要通过博士生资格考试,专业知识的口试和博士论文答辩方可取得学位。除了完成核心课程和选修课程外,学生还必须完成两年在校短期实习(一周三天)和一年离校正式实习。实习期间,至少有一半时间必须在中小学,其余时间可在医院或诊所。学生在完成学校心理学硕士、心理学专家或博士学位后可获得所在州的学校心理学家证书。持有博士学位的学校心理学家有资格参加各州的心理学家执照考试，一旦通过，他们的服务范围可以不受所学专业的限制，并能设立私人诊所。

**（二）日本及其他国家的中学生心理辅导**

二战结束后，美国的学校心理咨询迅速传入日本，为日本教育部门采纳，并开始使用"学生辅导"一词，其最终目的是使学生适应社会生活，有较好的品行并被社会所接纳。正如日本著名教育家福田庆辅所说的，"学生辅导"不是以改变个人的个性或环境为目的，而是帮助学生建立个人与环境相互作用的体制。

日本中学生心理辅导主要处理两类问题：一是偏重于认知的问题，例如升学、就业、学习方法等方面的问题，心理辅导教师主要给予知识性的辅导；第二类是偏重于情绪的问题，例如学生在情绪、态度、行为方面的问题，如自杀、学校恐怖症、厌学症、学习障碍、不良行为、性格偏差、校内暴力等问题，这类问题往往需要高层次专业化的心理学干预。近20多年来，随着工业化程度的提高，日本社会出现了较多的心理问题，并扩散到学校，影响了教学质量和学生心理素质。因此，加强对学生的心理辅导成了社会的需要。

日本中学生心理辅导在管理、方法和专业人员方面都具有不同于美国的特色。在管理上，体制较美国更加严密，日本学校教育法规定，心理辅导由地方教育部门进行管理和监督，初级中学应设立学生辅导主任；设立前途辅导主任，掌管学生选择职业和其他前途辅导事项；学校均制订周全的辅导计划，包括学生、学业的辅导重点，各部门辅导活动的计划等，并建立严密的组织网络和专门的学生辅导部。在人员配备方面，以中小学教师的兼职辅导和地方心理学专家的专职咨询相结合，调动一切力量，重视班主任的作用，甚至运用生活委员等学生干部。在辅导方法和技术方面，日本保持和发扬了本民族的优良传统，如采用以日记、作文和信件为线索进行指导的生活作文教育，班主任和学生的谈话等方法。同时，也批判性地借鉴了国外的方法和技术，除采用罗杰斯的以当事人为中心的心理咨询技术外，还采用了行为疗法和精神分析、认知疗法等。总的来说，日本中学生心理辅导的发展既吸收了西方心理学的精华，又保持了本民族的传统，在发展过程中避免了全盘西化的倾向，更具本土性和适应性，为亚洲其他国家的中学生心理辅导发展提供了一些可借鉴的经验。日本东京吉森女子大学的富库哈瑞教授指出，在心理咨询与辅导研究中，通过交往途径探索日本民族特点的问题应该受到重视，这一课题有待今后的进一步研究。可以预期，日本未来的心理辅导发展仍将会保持浓厚的本土化色彩。

现代中学生心理辅导在美国兴起和发展广泛地影响了世界各国。近半个世纪以来，亚洲许多国家和地区的中学生心理辅导也得到了很快的发展。在印度，临床心理学、社会心理学、心理测量的研究较为深入，因而这些方面的研究成果被用到中学生心理辅导领域，广泛采用心理测验方法进行心理咨询，对吸毒、犯罪、酗酒、青少年违法等方面开展了诊断咨询和心理咨询与治疗。学校心理学家除了本职工作外，还负担着行政管理和教研任务。在马来西亚，随着现代教育体制的建立，政府逐渐重视中学生心理辅导，在1960年，出版了由教育部编著的《学校辅导服务》，以政府的力量推进心理辅导发展。越来越多的发展中国家开始日益重视中学生心理辅导在现代学校教育中的重要地位。从亚洲的发展情况来看，日本的中学生心理辅导较为成熟，并具有代表性。

## 二、我国内地中学生心理辅导

### （一）内地中学生心理辅导现状

我国内地（注：指我国大陆地区）中学生心理辅导的产生和发展开始于20世纪80年代。通过近三十多年的发展，目前呈现出如下特点：

1. 党和政府对中学生心理辅导的高度重视

党和政府的高度重视集中体现在中共中央国务院颁发的中学生心理辅导（文件上统称"学校心理健康教育"）相关条例的制定和颁布上[①]。

1994年，中共中央国务院颁发的《中共中央关于进一步加强和改进学校德育工作的若干意见》明确指出："通过多种方式对不同年龄层次的学生进行心理健康教育和指导。"

1999年，《中共中央国务院关于深化教育改革全面推进素质教育的决定》再一次指出："针对新形势下青少年成长的特点，加强学生的心理健康教育。"

1999年8月，国家教育部第一次就学校心理健康教育问题专门颁发了《关于加强中小学心理健康教育的若干意见》，对中小学心理健康教育做了非常具体的要求和规定。

---

① 姚本先.我国学校心理健康教育：现状、问题、展望[J].课程　教材　教法，2003(2).

2001 年初,中共中央国务院再次颁发了《关于适应新形势进一步加强和改进中小学德育工作的意见》,又一次指出:"中小学都要加强心理健康教育。"

2001 年,九届人大四次会议通过的《中华人民共和国国民经济和社会发展第十个五年计划纲要》中也明确要求:"特别是加强青少年的思想政治、道德品质、心理健康和法制教育",这是我国第一次把青少年的心理健康教育列入国民经济和社会发展的五年规划。

2001 年 4 月,国家教育部又颁发了《关于加强普通高等学校大学生心理健康教育工作的意见》,这是继 1999 年 8 月教育部就中小学生心理健康教育问题专门颁发文件后,又针对大学生再一次颁发文件。这两个文件对全国大、中、小学开展心理健康教育起到了十分重要的指导作用。

2001 年颁发的《国务院关于基础教育改革和发展的决定》中又十分明确地指出:"加强中小学生的心理健康教育。"

由于党和政府高度重视,国家教育部成立了中小学心理健康教育咨询委员会,加强对全国学校心理健康教育工作的宏观指导。与此相应,大部分省、市、区都成立了由领导、专家和富有实践经验的一线教师组成的学校心理健康教育研究与指导委员会,开展组织协调、政策制定、科研、培训、评估检查等工作,推进心理健康教育广泛深入开展。

2. 全国各地积极开展了形式多样的中学生心理辅导活动

我国中小学心理辅导工作在 20 世纪 80 年代中期开始迅速发展,其中大城市的心理辅导工作走在全国的前列。上海市教科院普教所 1986 年就开展了"初中毕业生升学与择业指导的研究"的课题,通过边实验、边研究、边推广的发展模式,使中小学心理辅导得到了较快的发展。1989 年,上海市成立了中小学心理辅导协会,该协会成了全国最早以推广、研究、普及、提高中小学、幼儿园心理辅导工作为宗旨的专业性团体,该协会积极培训上海市的心理辅导人员,率先在全市建立了一批心理辅导实验学校,并积极尝试心理辅导研究,取得了较好的辅导效果。广州市 1987 年开通了"广州市中小学心声热线电话",是国内第一家以电话咨询为手段的中学生心理辅导机构,由一些具有青少年教育工作经验的教师和专家、社会知名学者组成,对学生提出的问题进行解答和指导,热线电话的内容包括校园生活、学习方法、青春期卫生、心理卫生、交友艺术、毕业就业、家庭伦理、权利义务八个方面。到 20 世纪 90 年代,心理辅导在我国进一步深入发展,心理辅导由大城市向中小城市发展,热线电话、心理咨询室、心理老师在许多城市的学校里已不再是陌生的名词,心理辅导的实验不断增多,心理辅导的课程化尝试开始出现,心理辅导人员培训班层出不穷,心理辅导研究成了学校开展教育科学研究的重要课题。

3. 中学生心理辅导的理论和实验研究得以广泛开展

近20年来,我国有一批学者、专家和广大教师认真开展中学生心理辅导的理论研究和实证研究。仅"九五"期间,向全国教育科学规划领导小组申报的心理健康教育、中学生心理辅导等方面的课题就达70多项,每个省市各级各类教育科研立项的相关课题更是不计其数。此间学生心理辅导的实验研究,成为教育科学、心理科学最为热门的一个领域,而且成效显著。仅"九五"期间全国教育科学规划重点课题中影响大、成果显著的就有:北京师大郑日昌教授主持的"学生心理健康教育研究问题",上海市教科院吴增强研究员主持的"中小学心理健康运行系统的研究",北京师大沃建中博士主持的"中小学心理素质建构与培养研究",湖北省武汉市教科所研究员徐学俊主持的"中小学心理健康教育与心理辅导体系研究",湖南师大郑和钧教授主持的"中小学生协同教学与心理发展研究",安徽师大张履祥教授主持的"优化学生心理素质结构,全面提高基础教育质量"等。这些研究课题内容涉及面广,参与研究人员多,持续时间长,整体效率高,为推进中学生心理辅导工作发挥了很大的作用。

4. 加强了学校心理健康教育师资队伍的建设

近年来,全国各省市都开始认真抓好学校心理健康教育的师资培训工作,举办各级各类心理健康教育的长、短期培训班,有关高校还积极配合地方教育的发展需要,调整专业或课程,培养专业的心理健康教育专业人才,这些措施对建立一支中学生心理辅导的基本队伍起到了积极的作用。

**(二) 我国内地中学生心理辅导存在的问题**

我国内地中学生心理辅导目前也存在着不少的问题,主要表现在以下几个方面:

1. 师资培养问题

目前国内从事中学生心理辅导的教师大多数是半路出家,有团队干部、班主任、校医、政治课教师等,对心理学知识尤其是心理辅导的基本知识缺乏必要的了解和掌握,因此这项工作的科学性和严肃性受到了损害,难以提高学生心理辅导的质量,极个别教师甚至误导了这项工作的发展方向。

2. 信息与技术缺乏的问题

心理辅导不仅需要提高辅导人员的水平和"软件"的质量,同时信息与技术等"硬件"方面也需要提高。心理辅导应该建立在正确的评估和诊断的基础上,但学校里往往缺乏必要的评估手段,测量工具落后,许多修订的量表因不合国情而不能发挥评价作用,对心理辅导的发展极为不利。而且由于部分从业人员的专业化水平较低,特别是缺乏相应行为规范的约束和指导,在实际教育过程中失控现象时常发生,并造成了一些极为负面的影响,例如:滥用测验量表或其他测验手段、随意解释测验结果、缺乏对测验结果及学生心理问题的保密意识等。此外,由于文化背景的差异,未经修订而直接将西方的有关心理辅导的原理、方法、技术等照搬到国内学校教育活动中,显然弊大于利。

3. 流于形式的问题

时至今日,仍有相当数量的学校和教育工作者错误地认为,心理辅导仅仅是形式而已,升学、"应试教育"才是根本。因此,有些学校虽然名义上开展了心理辅导的实验和研究,也开设了心理教育的课程,配备了教师,设置了心理咨询与辅导室,建立了学生心理档案等,但由于忽视教育者自身思想观念的转变和更新,最终使学生心理辅导流于形式,难以达到预期目标;或者为满足一时之需,如应付检查、评比、达标等活动而开展一些名不副实,甚至虚假的心理健康教育工作。这种形式化倾向使学校的心理辅导工作不能切实开展,成为当前影响心理辅导真正全面开展最为有害的因素。

4. 地区间差异问题

当前,中学生心理辅导在国内发达地区,例如:上海、北京等城市已进行了近 30 年的研究与实践,积累了诸多成功的经验,取得了很好的成效。但是就全国各地而言,发展极不平衡,差距极为悬殊。相当多的地区对中学生心理辅导还很陌生,连最基本的常识和观念也很少了解,违背心理健康教育的行为和事件常常发生。总体看来,大中城市、经济发达地区、东南沿海等地区重视程度高、普及面广、发展速度快;而小城镇、中西部经济不发达地区,特别是广大农村的中小学,无论是重视程度、普及面还是发展水平都很不理想,两者差距十分显著,特别是占人口多数的农村中小学几乎还是空白。这样,就全国各地来说,中学生心理辅导的整体水平就显得偏低。

# 第三节 中学生心理辅导的方式

对近 30 多年来国内学校开展心理健康教育的实践进行总结,发现主要有五种形式:第一种是教育教学中的心理辅导,第二种是心理辅导活动课程,第三种是个案辅导,第四种是团体辅导,第五种是心理剧。

## 一、教育教学中的心理辅导

教育教学中的心理辅导主要包括:课堂教学中的心理辅导和班主任工作中的心理辅导。课堂教学中的心理辅导,具体而言包括:课堂心理环境优化、课堂中的激励、课堂管理等。班主任工作中的心理辅导主要包括:班级经营、班级文化建设、学生品行养成、偶发事件处理等。心理辅导的引进,将会使教育教学工作发生深刻的变化,真正体现"以学生发展为本"的先进教育思想。

教育教学中的心理辅导对学校教育的意义具体表现为:

其一,为心理学理论在学校教育领域的应用开辟了广阔的天地。教育教学中的心理辅导涉及心理学的许多分支学科,诸如教育心理学、发展心理学、差异心理学、社会心理学等,它可以使这些理论在教育教学实践中充分发挥指导功能,并在心理学应用研究领域中找到生长点。

其二,可以促进教师全员参与学校心理辅导,有利于在学校中营造促进学生心理健康的环境氛围。学校心理健康教育单靠专职心理辅导老师开展,孤掌难鸣、势孤力单。教师的职责是教书育人,育人的一项重要内容是育心。从这个意义上讲,每个教师都应该是心理辅导工作者。教师在参与心理辅导的同时,也是在提高自己的人格素养和教育能力。

【阅读资料】

### 如何在教学中进行心理健康辅导①

教学是师生之间、生生之间多向互动的活动。在教与学的过程中,师生之间的关系、学生之间的合作与竞争、课堂环境、教师对学生所表现出来的行为的处理及反馈等,都将对学生的心理健康产生重要的影响。

一、在学科教学中进行心理健康教育应遵循的原则

1. 民主性原则:教师在进行教学时要注意使自己与学生处于平等的地位,像朋友

---

① http://wenku.baidu.com/view/26d98d1ec281e53a5802ff89.html.

一样交流,才能更好地达到教育目的。

2. 主体性原则:学生始终是课堂的主体,在进行心理教育时,要从学生自身特点和需要出发,要考虑到学生的性格和接受能力,而不要强硬地进行心理调适。

3. 灵活性原则:在学科中进行心理教育不是每时每刻都可以进行的,也没有一定的方法,要注意顺其自然,抓住契机,正所谓"润物细无声",使学生在不知不觉中接受心理辅导。

二、课堂是进行心理健康教育的主要战场

作为学生来说,大部分时间是在课堂中度过的。在课堂教学中,不仅表现出他们的各种心理品质、心理状态、适应能力、人际关系,而且,他们的不适应行为和心理障碍问题也会在课堂中表现出来,这使得任课教师可以在第一时间掌握学生的心理健康状况,及时采取预防和补救措施。

1. 良好的课堂环境和和谐的师生关系是学科教学中进行心理教育的关键。

情感对于人的认识过程和行为动力都会产生巨大的影响,"没有情感的课堂不会是成功的课堂"。在课堂教学中,首先要优化教学环境,建立和谐的师生关系,尊重学生,信任学生,热爱学生,这样才能使学生产生"亲师感",教育才能有效。反之,如果教师始终将自己放在学生的对立面,整天板着一张脸,对学生动不动就大声呵斥,那只会将学生推得远远的,无论教师有什么样的要求,都很难达到目的。

2. 感受成功,激发兴趣,增强学生自信心。

以数学教学为例:很多学生在长期的学习过程中,由于学习方法不得当,接受力较差或基础没打好等原因,长期以来数学成绩都不太好,已经对自己的学习失去了信心。针对这种情况,教师要在教学时精心设计每一节课。首先,每次新接班的时候,在第一节课教师可以告诉学生他们现在对老师来说就是一张白纸,每个人都站在同一个起跑线上,希望他们能和老师一起来完成今后的学习,让他们放下心理包袱重新开始。其次,在每一节课上教师可以精心设计题目,注意梯度,使每个学生都能在课堂上有所收获和提高,特别是挑一些简单的题目让基础较差的学生来回答,对答对的同学大加赞赏,使他们能够体会成功的滋味,让他们认识到自己不是一事无成的,别人能做到的自己也能做到,从而激发他们的学习兴趣,增强学习的自信心,达到增进学生心理健康的目的。

3. 精心设计练习及考查内容,培养学生战胜困难的信心和勇气。

现在的学生都是在家人的呵护下成长起来的,有很多学生都经不起挫折,受一点打击就一蹶不振。而人的一生是无法离开挫折的,正如罗曼·罗兰所说:"累累创伤就是生命给你的最好礼物,因为在每个创伤上面都标志着前进一步。"孩子遇到挫折,并不完全是件坏事。能够承受挫折,在生活中充满弹性,才是他们的人生至宝。所以在适当的时候,教师应当为学生进行挫折教育。如在设计课堂练习时,可先出一道综合题,使学生感受挫折,然后将题目分解成学生容易解决的基础题目。这样既可以让学生了解基础与综合的关系,又让学生有了挑战困难的信心和面对挫折的勇气。

4. 精心设计教学活动,引导学生克服胆怯心理。

胆怯是很多中学生特别是女生常见的心理问题。由于胆怯,学生在被提问或是要求到黑板做题的时候,就会手出汗,脸发红,心发慌,明明会做的题也做不出来了。遇到这种情况,教师可以说:"别紧张,你会的,对吗?!我们大家相信你。"这句话往往给学生以很大的信心。而且,对于这样的学生,教师还可以在课下和他谈话,并且在课堂上多安排类似的活动让他来完成,使他逐渐适应,从而逐步克服胆怯心理。

5. 设计开放性试题,培养学生的创新精神。

学生创造意识的树立,创造性思维的发展,创造精神的培养,是通过学生自身的实践活动发展起来的。开放性问题可以比较充分地把学生的知识和经验用于解决问题之中,不同的学生对试题的理解不同,因此思考方式和角度也不同,所得结果也有可能不同,但是每个人均在自己原有的基础上对知识的理解有所加强,更可以通过看他人的解法而扩展思路,开阔视野,从而提高学生的创造能力以及克服困难,相信自己的自我心理。比如,在讲解例题的时候,很多学生都是把思路局限在老师和课本的解法上,教师可以经常让他们考虑是否还有其他的解法,培养他们的一题多解的意识。

三、重视课后的心理辅导

课后的心理辅导包括个别的心理情感交流和知识反馈时的心理辅导。个别学生在课堂中表现出来的心理障碍一时无法在课堂中消除时,教师应及时地在课后予以化解。通过心理交流等方法,消除学生在课堂前或课堂中产生的心理障碍。有的学生由于虚荣心或态度问题,会出现不完成作业或抄袭的现象,这时教师要单独进行教育,让他意识到自己的错误。

对于作业中出错的,教师不要一味地打"×"。因为学生一般不愿看到"×",教师应给他找出出错的关键,并打上"?",再将学生找来,与他共同探讨出错的原因及改正的方法。对于作业中进步或退步的现象,教师都应有赞许或激励的语句。

## 二、心理辅导活动课程

面向全体学生,提高全体学生的心理素质,促进其心理健康,是学校心理健康教育的主要目标。这项任务光靠心理辅导教师的个别咨询服务是难以完成的,这就需要探索一种集体辅导活动的模式。心理辅导课程正是近年来我国学校心理辅导工作者在实践中创造出来的一种范式,这些年的实践表明,它对于推动我国现阶段中学生心理健康教育发挥了重要的作用。

心理辅导活动课程指:以团体辅导及其相关的理论与技术为指导,以解决学生成长中的问题为目标,以班级为单位的集体心理辅导活动形式。它不同于一般的班级主题活动,也不同于一般的团体辅导。心理辅导活动课程的价值在于:可以体现促进全体学生心理健康的发展性目标;可以落实心理辅导全员性策略;可以体现"以人的发展为本"的教育理念。从课程改革的视角看,心理辅导活动课程又恰恰是对学科课程的补充。科学课程的主要功能是将文化知识传递给学生,使学生获得智慧和技能,它的局限在于难以顾及个体发展的差异性和需要,难以发挥个体的主动性和创造性。而心理辅导活动课程是以个体发展的取向为主,以个体的经验为载体,以活动为中介,通过学生参与、体验和感悟,认识自己,开发自己的潜能,获得自助能力,它可以极大地调动学生的主动性。

## 三、个案辅导

个案辅导是学校心理辅导中的一项非常重要的工作,它是指通过鉴别、诊断分析和干预,解决学生个别心理困惑的一种辅导形式。学生的心理问题有共性的一面,但更多地则表现为个性化的一面。面向全体学生的心理教育和针对个别学生的个案辅导是学校心理辅导的两个方面,缺一不可。相比之下,个案辅导所需要的专业知识和技能要求更高,它是衡量心理辅导老师专业水平高低的重要标志。因此,个案辅导的理论、方法和技能,应该是衡量每一位从事学校心理辅导老师专业水平高低的重要标志。因此,个案辅导的理论、方法和技能,应该是每一位从事学校心理辅导工作的教师必须要掌握的。

个案辅导步骤可以分为两大阶段六个步骤:第一个阶段为评估问题,包括确定问题、收集资料、诊断分析三个步骤；第二阶段为进行干预，包括制定干预方案、实施干预和效果评估三个步骤。

## 四、团体辅导

团体辅导是指对有相同辅导需求的学生，在辅导教师的带领下，围绕某一辅导主题，通过一定的活动形式与人际互动，相互启发、诱导，形成团体共识和目标，进而改变学生的错误观念、态度、情绪和行为。团体辅导的规模一般在6—12人。它与心理辅导活动课程的共同点是，其理论都是依据团体动力学，都是利用学生集体的辅导资源；不同点是成员结构不同，心理辅导活动课程以班级为单位，一般为异质群体，而团体辅导打破了班级的界限，它可以是异质群体，也可以是同质群体。

团体辅导的价值除了节省时间、提高效率、降低成本，更重要的是向学生提供一个具有治疗功能的心理环境，有助于他们了解自己和他人，宣泄苦闷，获得支持、慰藉和帮助，减少孤独感和无助感，恢复自信。

团体辅导也是一项技术性较强的工作，如对于小组的组建、目标的制订、凝聚力的形成、规范的建立、小组成员之间的冲突与协调以及团体辅导员的角色地位等，都有一定的技术要求。

## 五、中学生心理剧辅导

心理剧是由莫雷诺（Moreno）在1920年创立的一种独特、生动、有力的行为心理治疗模式，来访者将自己的心理问题通过行为表演的方式展示给治疗师，透过暖身、设景、替身、角色扮演、演出、镜观等行为心理咨询方法，以及具体治疗性的团体经验与回馈，参与成员能在当下重新体验生命中重要的人与事件对自己的影响，产生新的觉察与领悟，自发性与创造性地走出人生困境，实现自我整合与人际关系和谐。

心理剧不是戏剧表演，不是分析，不是谈话式治疗，它需要通过身心整体的行动表演出来。在导演的引导下，主角在做剧的过程中直接呈现、调整的就是自己内心的感觉，展现的是内心的情结。通过演剧，可以探索到不同的或者新的体验，这种情结的释放或者新的经验产生，拓展了主角过去内化的主观心理结构，而且这种新的经验以情绪体验深度内化到主角的心理结构中，这就是心理剧治疗能够触及非常深的心灵创伤的原因。

心理剧的独特效果：心理剧的成员可在剧中表达出无法用言语描述的复杂情感状态，在演出之后有助于减少习惯性的口语表达及心理的防卫性，并能有效地唤起自己的创造力、自发性和想象力，进入深一层的自我认识，探索内在深层渴望、情感和冲突，进而增进自我内在的整合，身心一致；透过演剧同时能增进自我关系、亲子关系、人际关系、伴侣关系、自我和他人、社会间的关系和谐，使自己更能灵活而有弹性地面对现实和表达自己，并在问题解决时更加具有独立性、自主性和创造性。

## 本章小结

1. 中学生心理辅导：是指教育者运用心理学、教育学、社会学、行为科学乃至临床心理学等多种学科的理论和技术，通过集体辅导、个别辅导、教育教学中的心理辅导以及家庭心理辅导等多种形式，帮助中学生自我认识，自我接纳，自我调节，从而充分开发自身潜能，促进其心理健康与人格和谐发展的一种教育活动。

2. 中学生心理辅导的目标：积极的自我意识是学生人格发展的核心，健康情绪和情感是学生人格和谐发展的纽带，发挥自身潜能是学生人格发展的目标。

3. 中学生心理辅导的内容：学习辅导、人格辅导、生活辅导和职业辅导。

4. 学校心理学(school psychology)作为心理学的分支学科之一，产生于19世纪末，历经百年的沧桑与嬗变，如今已成为心理学领域最活跃、最有生机的学科之一。在美国、日本等国家，学校心理学的发展对促进学校教育进步，拓展心理学的发展领域具有极其重要的作用。

5. 我国内地中学生心理辅导的发展开始于20世纪80年代，目前呈现出如下特点：党和政府对中学生心理辅导的高度重视、全国各地积极开展了形式多样的中学生心理辅导活动、中学生心理辅导的理论和实验研究得以广泛开展、加强了学校心理健康教育师资队伍的建设。

6. 目前国内中学生心理辅导存在的问题：师资培养问题、信息与技术缺乏的问题、流于形式的问题、地区间差异问题。

7. 教育教学中的心理辅导：课堂教学中的心理辅导，具体包括课堂心理环境优化、课堂中的激励、课堂管理等一系列问题。班主任工作中的心理辅导，包括班级经营、班级文化建设、学生品行养成、偶发事件处理等。

8. 个案心理辅导：个案心理辅导是学校心理辅导中的一项非常重要的工作，它是指通过鉴别、诊断分析和干预，解决学生个别心理困惑的一种辅导形式。

9. 心理辅导课程：以团体辅导及其相关的理论与技术为指导，以解决学生成长中的问题为目标，以班级为单位的集体心理辅导活动形式。它不同于一般的班级主题活动，也不同于一般的团体辅导。

10. 团体心理辅导：指对有相同辅导需求的学生，在辅导教师的带领下，围绕某一辅导主题，通过一定的活动形式与人际互动，相互启发、诱导，形成团体共识和目标，进而改变学生的错误观念、态度、情绪和行为。

11. 校园心理剧：一种独特、生动、有力的行动心理治疗模式，来访者将自己的心理问题通过行动表演的方式展示给治疗师，透过暖身、设景、替身、角色扮演、演出、镜观等行动心理咨询方法以及具治疗性的团体经验与回馈，参与成员能在当下重新体验生命中重要的人与事件对自己的影响，产生新的觉察与领悟，自发性与创造性地走出人生困境，实现自我整合与人际关系和谐。

## 讨论与思考题

1. 什么是心理辅导？
2. 心理辅导的目标是什么？
3. 心理辅导的内容包括哪些？
4. 简述国内心理辅导的发展历史。
5. 目前国内心理辅导中存在的问题有哪些？
6. 如何将具体的学科教育运用于心理辅导之中？
7. 什么样的心理辅导适合采用个案心理辅导？
8. 团体心理辅导有什么作用？

# 第二章  中学生心理辅导的内容

【学习目标】

1. 掌握学习辅导的概念、主要内容和方法。

2. 掌握人格辅导的概念、主要内容和方法。

3. 掌握生活辅导的概念、主要内容和方法。

4. 掌握职业辅导的概念、主要内容和方法。

## 第一节  学 习 辅 导

### 一、学习辅导的概念

学习辅导是指教育者运用学习心理学及其相关理论,对学生在学习活动中发生的各种问题(包括认知、动机、情绪、行为等方面)进行辅导。具体地说:

(1)学习辅导并不是我们通俗理解的家长请"家教",也不是教师课后对学生进行"学业"辅导,而是对学习过程中学生面临的各种心理和行为问题的辅导,如学习动机、学习策略、厌学、注意力障碍等。

(2)学习辅导有积极和消极之分。积极的学习辅导是对学生的良好的学习技能、学习方法、学习习惯和学习动机、态度进行训练与辅导,以培养学生良好的学习心理品质。消极的学习辅导是对学生在学习中产生的障碍进行矫治,帮助学生走出学习的困境。

(3)在学校心理辅导工作中,学习辅导始终是一项中心内容,这是和学校教育的核心内容和学生心理健康的基本要求相对应的。

## 二、学习辅导的主要任务

学习辅导涉及学生学习过程的方方面面,在中学生心理辅导中占有重要地位,其主要任务体现在五个方面:

(1) 正确对待学业的成功和失败,树立自信心,能克服学习活动中的各种困难。

(2) 培养浓厚的学习兴趣,良好的学习态度,激发学习动机。

(3) 养成良好的学习习惯。

(4) 提高学生学习技能,掌握有效的学习策略,发展其创造能力。

(5) 帮助学生解决与学习有关的各种心理困惑。

学习辅导不仅关注学生当前的学习状态和学习技能,帮助其提高学业成绩,更重要的是帮助学生培养学习兴趣,端正学习动机,提高学生应对学业失败的能力,保证学生学习效果的可持续性。

## 三、学习辅导的内容

### (一)学习动机辅导

学生的学习是否有成效,主要取决于两大因素:一是愿不愿学,即学习的动机问题。学习动机是学习的根本动力,推动着学习行为的发生和发展,动机的强弱决定着即时学习的努力程度,而动机的性质决定着努力程度的可持续性;二是会不会学,即学习方法和学习策略问题。有效的学习策略可以达到事半功倍的效果,而无效的学习策略则是事倍功半。一方面,教师要从学科特点出发,教会学生正确的学习方法;另一方面,教师要发挥学生的创造性,主动引导学生,让学生找到适合自己的学习方法和策略。

学习动机是指激发个体进行学习活动、维持已经引起的学习活动,并导致行为朝向一定的学习目标的一种内在过程或内部心理状态。学习动机辅导主要有以下三个方面:

1. 激发正确的学习动机

学生的学习总是受某种或某些动机的推动,比如逃避惩罚的动机、获得奖励的动机、得到认可的动机、自我提升的动机、成名成才的动机等。不可否认,任何一种学习动机在特定情况下都可以推动学习行为的发生,具有积极作用。因此,不少教师认为只要能够提高学生的学习动机,促进学习,任何方式都是可行的。殊不知我们却不自觉地犯了一个错误,即激发了学生错误的学习动机。比如,有的教师一味用外部奖励来激发学生的学习动机,短期内的确可以提高学习的效果,但是如果学生没有对学习产生内在的学习兴趣,一旦外部的奖励消失,则学习动机也立即消失。

因此,在学习辅导过程中,教师要注意:培养学生建立在内在兴趣上的学习动机,而不是建立在外在奖惩上的学习动机;培养学生追求真理的学习动机,而不是追求成绩的学习动机;培养学生回报社会,报效祖国的学习动机,而不是个人至上,为名为利的学习动机。

2. 培养积极的能力信念

自我信念是动机系统的核心成分,在很多情况下学生学习动机不足,有厌学、畏学的倾向,并不是他们的智力有问题,而是自己对自身能力的信念会产生怀疑,或者有错误的认知。具体地说,一是觉得自己没有能力完成学习任务,二是觉得自己的能力不可能改变和提高。因此,培养学生积极的能力信念关键在于提高学生的自我效能感。自我效能感是自己对"我"是否有能力成功完成某项任务的信念,自我效能感高的学生由于认为自己具有提高和保持学业成绩的能力,因此他们会不断付出努力,当然,努力总是会有回报,结果他们真的拥有良好的学业成绩;而自我效能感低的学生,由于对自己的能力没有信心,认为努力也不会有好结果的,因此他们会放弃努力,当然,不努力是不可能有好的结果的,结果他们的学业真的一塌糊涂。这种现象在心理学专业中称之为"自我实现的预言",即我们最初拥有的信念决定了接下来的行为,而行为又导致了相应的结果,最终证明我们最初的信念是正确的。

因此,在学习辅导过程中,教师要引导学生正确客观地认识自身能力,培养学生积极的能力信念,特别是对那些"学业习得性无能"的学生给予积极关注,鼓励他们选择有一定困难,但经过个人努力能够完成的学习任务,也就是学生"跳一跳能够够到的果子",增加这部分学生的成功经验和对学习的控制感,从而增强学习自我效能感。

3. 合理运用奖赏

教学中,教师常常运用一定的奖赏激发学生的学习动机,这是外部动机激发的主要方法。一般总认为奖赏可以增强学生的学习动机,但事实并非如此。心理学的研究结果发现,过度的外部奖励会弱化其内在动机。当人做自己愿意做的或者自己决定做的事时,往往会显出较强的主动性和热情,具有较高的内在动机;而当人受到外部压力去做并非自己想做的事时,则往往会降低内在动机与兴趣。如果奖赏较多地作为控制性因素出现,即对人的行为起到控制作用,如一味要求学生按照外部强化的要求去做,这就会损害个人的自我抉择,乃至影响自尊和自信。

**(二) 学习策略辅导**

学习策略是指学习者为了完成一定的学习任务与目标,所采用的有效的认知活动。具有以下特点:

(1) 主观能动性:学习策略是学习者为了达到学习目标而积极主动地使用的方法。

(2) 有效性:运用学习策略是为了取得学习的高效率。

(3) 过程性:学习策略是有关学习过程的,它规定学习时做什么不做什么、先做什么后做什么、用什么方式做、做到什么程度等诸方面的问题。

(4) 迁移性:学习策略是一种程序性知识,由一套规则系统或技能构成,具有通用性。

学习策略可以分为:基本学习策略、支持性学习策略和自我调控策略。

1. 基本学习策略

基本学习策略是指学习者对学习材料认知加工的策略,包括复述策略、组织策略和精制策略。

(1) 复述策略

复述策略是指在学习者的有意控制下,主动地以语言的方式,出声或不出声地重复先前学过的材料,以帮助记忆。复述是外部信息向大脑输入的主要方式,通过复述可以加强所学知识在大脑中的痕迹。一般来说,同样的学习内容,复述的次数越多,则学习效果越好。

(2) 组织策略

组织策略是对学习材料进行一定的归类、组合,以便于学习、理解的一种基本学习策略。组织建立学习材料之间的联系和关系,使学习内容形成一个整体,在回忆的过程中只要能够想到一个线索,则学习的全部内容就会整体呈现出来。因此,教师要引导学生对所学内容进行归类,通过提纲、流程图、模型图和表格等形式,建立整体知识结构观念。

(3) 精制策略

精致策略是指学习者利用表象、意义联系或人为联想等方法对学习材料精心加工,以增强理解的记忆。学习的最终目的是要将新知识纳入学习者已有的知识结构体系。因此,能不能与学习者的经验建立联系,能不能得到学习者的主观认同,是影响学习效果的重要因素。学生在自身经验的基础上对学习材料进行精细加工,赋予其逻辑性、经验性、意义性和价值性,是重要的学习策略。

2. 支持性学习策略

支持性学习策略是指学生对学习活动的组织安排,具体方法的运用等。研究表明,支持性学习策略与学生就业成就密切相关。支持性学习策略包括:学习计划与时间管理、预习与复习、听课与记笔记等。

3. 自我调控策略

自我调控策略是指学习者在学习过程中,有意识地、系统地监测、评估、调节自己的思维、感知、情绪、动机与行为,以达成他们的目标的心理活动。

在学习策略辅导中,要特别重视自我调控策略的辅导,因为学生只有能够对学习进行自我监控和调节,才真正具备了自主学习的能力,这也是学校教育的最终目标。


【阅读资料】

### 学习困难并不因为"笨"

中华时报　　2012 - 12 - 17

儿童学习困难,不要动不动就说他"笨",你可能不知道,非智力因素会影响孩子学业。儿童学习困难是家庭和社会都非常关注的一个问题,特别在我国,"一对夫妇只生一个孩子",父母们普遍"望子成龙",一旦孩子出现学习困难,家长就难免感到焦虑、失望,甚至对孩子采取偏激行为。

所谓学习困难儿童,是指连续两个学期以上各主课成绩均在班级中居于落后名次,但无脑损伤病史,亦无明显躯体与精神方面的疾病,智力正常的儿童。大量调查研究表明,学习困难的儿童与其智力水平有一定关系,但智力水平不高并非是学习困难的唯一原因,因为学习困难儿童的智力都在正常范围之内,因此,非智力因素的影响是不可忽视的。

首先,家庭环境对儿童学习有很大影响。有些父母从不关心孩子的学习情况,既不监督也不检查,任其发展,然而当孩子交上了极差的学习成绩单时,他们就大发雷霆,不打即骂,结果使得孩子产生厌学情绪。

其次,要重视学习困难儿童的性格特征和行为问题。许多调查资料表明,具有内向性格,学习兴趣低下以及多动、易分心、固执、笨拙、冲动和孤僻的儿童中学习困难者的比例较大,尤其是多动、易分心的儿童,在学习时注意力很难集中,容易受外界干扰,这就妨碍了学习能力的获得,使他们对学习内容的理解和掌握比较困难,从而滋长厌学情绪,形成恶性循环。

第三,少数学习困难学生在课堂学习时,无法举一反三,只好死记硬背。如果家长总是将孩子限制在高楼大厦内或者过分溺爱孩子,本该由孩子做的事情被家长替代,中学生会因为缺乏尝试的机会而导致发散思维能力较差,影响孩子的学习能力和学习成绩。

综上所述,对于学习困难儿童的情况要具体情况具体分析,绝不能将孩子学习成绩差单纯归咎于智力低下。家长、教师和儿童教育工作者应将教育重点放在干预非智力因素的缺陷方面。

# 第二节 人格辅导

## 一、人格辅导的概念

人格辅导是一种针对学生进行的,以发展学生心理素质、培养学生健康和适应现代社会需要的人格为目的的帮助和指导。

儿童和青少年的人格处于形成的过程之中,还不稳定,具有很大的可塑性;另外,对于学生的成长而言,健康而有力的人格的价值在很大程度上超过能力和知识等智力因素的价值,是学生成才的最关键因素。因此对中小学生进行人格辅导是可行且必要的。

## 二、人格辅导的主要任务

人格辅导以帮助和指导学生逐步形成和发展并不断完善健康的人格,防止和克服可能出现的人格障碍或心理变态为目标。或者说,人格辅导就是为了使学生心理更健康一些,心胸更广阔一些,情感更丰富积极一些,意志更坚韧果断一些,人格更高尚完善一些。

## 三、人格辅导的内容

### （一）自我概念的形成和培养

自我概念是指有关自己的外貌、能力、学业水平、社会接受性等方面品质特征的自我知觉和认识。

有效地提高中学生自我概念的具体策略如下：

1. 在学业、同伴交往和文体活动中让学生产生成功的体验。自我概念是自己对自己的认识，中学生认识自己的方式有两种：间接认识（即他人评价和反馈）和直接认识（即成败经验）。建立在间接认识基础上的自我概念容易受到外部评价的影响，较为不稳定；而建立在直接认识基础上的自我概念，由于是基于自己的成败经验，因此具有很强的稳定性。因此，为了帮助学生产生稳定的自我概念，教师应该适当地为学生在学业、同伴交往、文体活动中创造一些成功的机会。比如，作业的布置力求与学生的发展水平和认知能力相适应，适当把握难度，使他们经过努力能够完成作业，从而体验到成功，提高自我效能感。

2. 让学生把注意力集中在自己的进步上，而不是总关注别人表现得怎么样。如果学生看到自己正在进步，并且获得了越来越多的知识和技能，他们将对自己成功的可能保持乐观。如果他们看到自己的表现无法与同伴相比，他们可能就不会很乐观。因而，为了帮助学生发展积极的自我概念，教师应该适当减少竞争，减少学生相互间不合时宜的比较，着力指导学生把当前的"自我"与过去的"自我"相比较，以进一步认识自我。一方面鼓励学生超越自我，不满足于现有的成绩，一方面引导学生去实现自己能达到的目标，而不是一味跟自己过不去，帮助他们逐步做到既不妄自尊大，也不妄自菲薄。

3. 给予学生鼓励性和建设性的反馈。学生总是在人与人的交往中不断从他人那里得到反馈，根据他人对自己的评价和态度逐渐形成自我概念。辅导者指出学生当时能做什么或不能做什么，就是反馈的建设性。一般来说，反馈包括批评也包括表扬。需要注意的是，如果老师只给予表扬，尤其是对学生的表现给予过分夸张、不切实际的表扬，学生将意识不到他们哪些方面需要改进，也就不能形成积极的自我概念。实际上，批评也能促进学生的自我概念，只要这种批评传递了教师对学生应该能做得更好的期望，并提供了怎样改进的指导。

4. 让学生在他们自己最重视的学科或课外活动中取得成功，得到鼓励。教师可以布置有关于学生在学校最喜欢和最不喜欢的活动的短文，了解学生的兴趣爱好，在此基础上注意提供给学生较多从事他们喜欢的活动的机会，并且当学生在这些感兴趣的活动领域做得很棒时，及时地给予恰当的表扬和鼓励，帮助学生运用自身的活动成果，进一步认识自我的能力，发现自我的价值。

### （二）自尊的形成和培养

自尊是一个人对他自己价值的判断和感觉，是个体认为自己有价值，并珍爱自己、尊重自己的程度。

真正的高自尊是一种动态平衡的自尊。也就是说，自尊需要（即维护良好自我形象的需要）与自我现状（即当前的自我形象）之间呈现出一种动态的平衡。一方面，高自尊的人对自我现状常常是满意的，他们对自己的存在能力和存在价值充满自信，即使这种能力和价值并不比别人高；另一方面，高自尊的人虽然对自我现状很满意，但并非停滞不前。相反，正是由于他们对自己很满意，很自信，所以无论在生活中还是在工作中他们都恰恰表现出了社会所期待的良好形象，社会环境自然也就作出了良好的反馈，从而与社会环境形成了良性互动，进而不断改善和提高其自尊状况。高自尊的人也会有失败和落魄的时候，他们的自我意象与自尊需要之间也会产生不和谐的冲突，但是他们在与社会环境的良性互动中可以较容易地化解这种冲突，并很快恢复心理平衡，从而保持心理的和谐与健康。

培养学生的自尊，应该努力做到：

1. 站在学生角度，尊重和理解学生。每个阶段的学生，除了学习知识，提高能力之外，还都有自身的一些年龄特点，甚至有一些心理和行为是作为成人的教师不认可的。但是，这些特点却是处于这种年龄阶段学生的正常表现，教师要予以尊重和理解。比如男生的调皮甚至是恶作剧，青春期对于异性的蠢蠢欲动，对于这些心理和行为，教师应该在充分尊重和理解的基础上给予引导，而不能蛮横粗暴地简单制止和惩罚。

2. 要经常鼓励学生。有一句名言是这样说的：要让每个孩子抬起头来走路。"抬起头来"就是对自己、对现在、对未来充满信心。每个学生，不论他们是优秀者还是后进者，四肢健全还是身体有缺陷，都需要教师和父母给予热情鼓励和悉心呵护，使他们拥有喜欢自己的心态，在原有基础上不断进步。每个学生的性格特质不同，但没有好坏之分。教师应该做到尊重儿童与众不同的特质，善于欣赏学生，不可把学习成绩好坏看成衡量学生的唯一标准。

3. 使学生学会积极的社会比较。一个人的自尊水平高低很大程度上是通过社会比较获得的。教师不要轻易对学生讲"我真搞不清楚,为什么同一个老师教,在同一个班级里学习,你的差距那么大"这类尖刻的语言,这是一种消极的社会比较,会给学生带来很大压力,打击孩子的自尊。所以,老师在对孩子进行社会比较时,一定要选好比较对象,想方设法通过比较提高学生自信。教师应该避免在教室里大肆张贴期中考、期末考的"红白榜",应该让学生明白,成绩和名次并不是我们的唯一追求,掌握知识和技能才是学习的真正目标。必要时可引导学生进行自我比较,当学生发现自己在原来基础上确有进步时,就会为之兴奋欣喜,就会认识到最大的竞争对手是自己,就会有信心用每天的进步表明自己不断超越自己,从而进行积极的自我暗示:"我能行","经过努力我会做得更好"。

### (三) 健全人格的形成和培养

虽然在谈到人格时,更强调人与人之间的差异性,同时强调不同人格特征都有其自身的优势和劣势,无好坏之分。比如当谈到内向与外向的性格时,一般教师都知道内向和外向有其先天的生理基础,并且我们既不能说内向比外向好,也不能说外向比内向好,内向或外向都有其擅长的不同领域。但是人格在强调差异性的同时,是否也应该关注共性的问题?答案是肯定的。

"健全人格"这一概念有两层意思,即健康和全面,健康人格是指能够适应外部环境的人格特征;全面人格是指人格各维度协调发展,无所偏废,这就要求教师在人格辅导过程中关注当前社会环境对人格特征的基本要求。一般而言,对立的一对人格特征在一定范围内变动都是正常的,具有适应性,但是超出了这个范围,则会面临很大的适应困难。比如在一定范围内,内向或外向都是没问题的,过度内向或过度外向则会面临严重的适应问题。同时,人格辅导还要关注人格整体的协调性,人格作为一个整体,其内部各因素之间应该是相互协调的,至少各因素之间的冲突是可以统合的。如果人格的各因素的矛盾达到一定程度,会给个体带来很大的痛苦,严重者甚至会导致人格分裂。

**【阅读资料】**

#### 基础教育重点在于培养学生健全的人格

中考网 2012 - 12 - 10

深圳实验学校校长曹衍清经常对学生家长说的一句话是:"你的孩子在这里读3年书,考不上一所好大学是一件可惜的事,但如果仅仅是考上了好大学,那更可惜。""我们培养的学生,在学校应该是一名好学生,将来在工作岗位上应该是一名好员工,走向社会以后应该是一名好公民。"

南下深圳之前，曹衍清曾在黄冈中学任校长多年，那是一所创造了高考神话、"高考状元"和"奥赛冠军"迭出的名校。

曹衍清说，黄冈中学并不是一个只会"应试教育"的地方，学校周末一般不补课，每天晚上9:30按时休息，老师在周末进教学楼补课是要受批评的，学校的田径队每年都稳居湖北省前三名，艺术团、文学社团也颇有名气……

2007年，任深圳实验学校校长后，曹衍清明确提出了"人格健全、学业进步、特长明显、和谐发展"的育人目标。2009年，深圳实验学校制定并颁布《健全人格教育方案》，根据这个方案，在幼儿园侧重生活习惯的养成，小学阶段则侧重于情绪管理和各种习惯养成，在初中重点进行爱的教育、礼仪教育和公民教育，在高中阶段则重点关注学生的意志品质、心理健康及职业规划、人生设计等。在这个《方案》中，深圳实验学校的一切育人理念和行为被描述为：健全人格是学生的最高学位。

"你的孩子在实验学校上学，但参加工作可能是在10年之后，你要用那个时候社会对人才的要求来培养你的孩子，不能只看几年后能不能考入名校，还要看10年、20年后能不能成就人生和事业。"这些话，曹衍清反复对家长们说。

让他欣慰的是，在家校共赢的合力下，越来越多的学生、家长更加认同、推崇实验学校的教育理念。一位家长在给学校的来信中写道：培养健全人格是百年树人的功业，也是有远见的高层次教育追求。换句话说，人格比分数更重要，作为家长，我们全力配合。

曹衍清也坦言，在现行高考制度下，推行健全人格教育仍然是一件很"纠结"的事情，一方面，很多学校在健全人格教育方面的努力难以量化评估，成效可能也要10年后才显现出来；另一方面，社会和家长评价一个学校可触可摸的标准仍然只有升学率，健全人格教育仍需要全社会形成共识。

# 第三节　生活辅导

生活辅导主要是通过休闲辅导和消费辅导等，来培养中小学生健康的生活情趣、乐观的生活态度和良好的生活习惯。这对于青少年将来获得幸福而充实的生活具有潜在的影响，同时对他们发展个性、增长才干、提高学习效率也具有有利的迁移作用。生活辅导不仅是学校辅导的一部分，也是学校教育的一项重要内容。让学生学会学习、学会生活、学会做人，已经成为现代教育的潮流。

## 一、休闲辅导

### (一) 什么叫休闲

休闲是指个人在完成工作、学习和生活自我服务后，在剩余的自由时间内能进行的活动。休闲的目的在于自我教化，追求人生崇高的境界。

过去不少人认为，只有工作与学习是有价值的，而休闲是闲荡、荒废时间。随着社会的发展，人们生活水平的提高，温饱问题的解决，物质生活的逐渐满足，人们就必然要追求精神生活的提升，越来越多的休闲生活成为必然。

### (二) 休闲的功能

1. 松弛身心

单纯休息不一定能获得身心的松弛，因为休息固然停止了学习，但与学习有关的问题，仍然留在脑子里，挥之不去，继续耗神。而休闲时，打球、下棋、跳舞等娱乐活动进入了人们的注意中心，使人们将工作暂时抛于脑后，繁忙的学习积累下来的紧张神经得到了松弛和调节。

2. 满足个人需要与兴趣

由于种种主客观原因，一个人从事的学习和工作并不完全符合自己的兴趣，也不能完全按照自己的意愿行事，可能也不能充分表现一个人的能力和才华。有时工作也不一定能满足人的心理需要。如果学习了很长时间，没有作出成绩，使人感到没有成就感；学习中困难重重，连连受挫，使人有些自卑感。这时候休闲活动能增添一些满足的机会，使人感到愉快，甚至能提高人的自尊感和自信心。与家人一同进行休闲活动，可以促进亲子关系；与朋友同乐，可以增进人际关系。

3. 扩展知识和生活经验

一个人通常都是生活在某种环境中，所接触的人和事，相对比较固定和狭窄，休闲活动可使人与一些平时生活学习无关的人、事、物、环境发生接触，可以扩展人们的生活知识和经验，使人见多识广，丰富个人生活的底蕴。

4. 增进个人身心健康

个人的活动经验，可以带动起自身发展，但活动并不限于工作和学习。休闲活动，可以使原来没有获得运用的身心组织的功能得以运作，包括身体机能，情绪调适，甚至人际交往等等。人们在休闲活动中可以发展自己的才能，弥补平时的角色挫折，也能使压抑、沉闷、愤恨不满的情绪,甚至破坏性的冲动力量以艺术化的方式得以升华,还可以防止可能产生的偏激心理和行为。

**(三) 休闲辅导的内涵**

休闲辅导的最终目标是与学校教育目标一致的。休闲辅导不能仅仅理解为是一种娱乐活动,而是指帮助学生确立正确的休闲观念和态度,获得必备的休闲知识和技能,以及学会选择安排有益的休闲活动方式,从而使自己获得充实而丰富的休闲生活,发展自己的才能与个性。

1. 正确的休闲观念与态度:

(1) 要意识到休闲是生活的重要组成部分,明确个人休闲的意义、权利和责任。

(2) 理解休闲与学习的辩证关系。

(3) 了解自己的爱好、志趣或休闲方式的偏向,认识到自己有权利、有能力、有机会支配、利用自己的休闲时间。

2. 休闲知识与技能:

(1) 了解社会上各种休闲活动的方式,能欣赏、评判休闲生活的不同模式。

(2) 掌握休闲生活所必备的各种基本知识与技能。

(3) 根据自己的休闲知识或技能,去设计、计划各类有意义的休闲活动。

3. 选择休闲行为时要:

(1) 了解自己的休闲行为所产生的后果,及对他人和社会带来的影响。

(2) 注重个人需求与社会价值取向的一致。

(3) 能从自己的兴趣、愿望和特长出发,选择具有独特个性或风格的休闲活动。

**(四) 休闲辅导的形式**

1. 开设休闲辅导课程

休闲辅导作为生活辅导的一部分,可以纳入心理辅导活动课程。通过辅导活动课,可以向学生讲授有关休闲的知识,也可以帮助学生确立正确的休闲观念和态度。休闲辅导课程的活动内容大致有:如何安排休闲活动,如何安排休闲时间,如何走进大自然,如何娱乐与消遣等。

2. 组织学生休闲团体

休闲辅导是一种隐性教育,也是学生的自我教育。因此,发挥少先队、共青团的组织作用,组织学生休闲团体,是校内休闲辅导的重要途径。上海市北京东路小学在多年的实践中探索了一些成功的经验,其一就是发挥学生社团的作用,成立"红领巾休闲协会"。协会下设 8 个休闲俱乐部:小球迷俱乐部,小歌迷俱乐部,小棋迷俱乐部,小影迷俱乐部,小戏迷俱乐部,小书迷俱乐部,小旅游迷俱乐部,小美食迷俱乐部,让学生自己开展各类休闲活动。这些休闲俱乐部是松散的少先队社团组织,由热心的小干部带头,组织大家参与和投入各类有益的休闲活动,起到了积极的引导作用。

3. 课余休闲活动

学生在校除了课堂学习时间,还有部分闲暇时间,如课间休息、午间休息。课余休闲活动组织恰当,可以帮助学生消除大脑疲劳,调节情绪,重新振奋精神,提高课堂学习效率。上海市北京东路小学十分重视小学生课余休闲活动,保证每个学生在校有 120 分钟休闲时间。10 分钟课间休息要求学生走出课堂,进行适当的放松活动;午间休息,引导学生听广播,欣赏音乐;开放阅览室,借阅书报;开展小型分散活动,活跃文化生活。

学校还应为课余休闲活动提供条件,如提供活动场地、设备和器具,出借娱乐用品;发布有关休闲活动信息,如利用广播与专栏,传播适合青少年的影视节目、书讯、展览、度假胜地和休闲服饰等信息。

## 二、消费辅导

改革开放和市场经济的发展,已使消费成了无时不有、无处不在的社会现象,而中小学与此相对应的教育准备却是苍白和滞后的,学校和教师尚未对"消费"这一活动进行探究,学生的消费行为中还有许多有待规范之处。认真开展有关消费教育的研究和探索,加强对中小学生的消费辅导,对于丰富素质教育理论体系,促进社会消费行为健康化,意义十分深远。

### (一)中小学生消费行为的问题

人民生活水平高了,家庭富裕了,用在孩子身上的消费增多了,这似乎是无可非议的。但有了钱不等于会消费、懂消费。当代中学生在消费心理上的问题表现在:

1. 猎奇心理:跟着时尚走,中学生的年龄特征和心理特征决定他们比较容易受非主流的影响,以此来彰显他们的个性和社会身份,他们对时尚的敏感度较高,这会让他们走进一个消费误区。

2. 摆阔心理:跟着名牌走,非名牌不穿、不用,以此寻找在群体中的优越感,获取心理满足。

3. 攀比心理:跟着大亨走,不顾客观经济条件,盲目攀比,不甘人后,这是一种不成熟的心理表现,是对自我价值不能客观评价的反映。

4. 从众心理:主观上没有这种消费愿望,但别人都这样,我也不能落后,怕人看不起、误会等。

5. 享乐心理:觉着父母挣钱为的就是我,吃点、喝点,用掉一些钱也无所谓,从不考虑父母挣钱的艰辛,自己的消费是否必需。

**(二)中学生畸形消费剖解**

**1. 社会不良风气的传染**

中国的经济体制不成熟、不健全,在改革的过程中必然会伴随着不成熟的消费观念,这也是"经济基础决定上层建筑"的一个反映。成人尚且如此,作为一个身心都在发展中的中学生想不受影响那是不可能的。

**2. 家长对子女消费行为的迁就**

独生子女成了家中的"小皇帝"、"小太阳",作为"家庭的重点保护对象",这种环境下成长起来的孩子,容易以自我为中心,会理所当然地享受一切。许多家长对孩子在消费行为中的无理要求要么迁就、放纵,要么束手无策。

**3. 学校消费教育的缺失**

(1)学校忽视消费教育,传统的观念认为消费纯属个人行为或家庭行为,学校在这方面的认识也有待提高。

(2)把消费教育等同于节约教育,消费教育不应着眼于让学生"少花钱",而应着眼于让学生"会花钱",该花的钱不吝啬,不该花的绝不浪费。

(3)把消费教育等同于花钱教育,消费绝不仅仅意味着花钱,消费观念和消费行为应属于人的思想品德的一部分,这就是为什么一些人能把自己辛苦赚来的钱用于慈善事业,而自己却过着简朴的生活的原因。

**4. 中学生自身具备较高消费的货币基础**

随着家庭生活水平的提高,很多中学生手里有数目相当可观的零花钱。在使用方便的同时,若管理不善,那么这钱所产生的消极作用就要远远大于它的积极意义。

**(三)走出畸形消费的误区**

从中学生的特点出发,坚持正面教育,科学引导,教育学生正确认识和对待金钱,懂得消费,合理消费。

**1. 辨清金钱的双重作用**

金钱本身无好坏之分,但是对于金钱的拥有却是一把双刃剑。金钱可以用来满足个人需求,提高生活质量,但过度追求金钱却会使人迷失生活、学习的方向,成为一个拜金主义者。片面强调金钱的价值和作用,忽视精神和心理需求的满足,最终会将人引入价值空虚的迷途。

2. 倡导适度消费

适度消费,也叫合理消费。消费是否适度或合理,其客观标准是消费主体的经济力量与消费支出的对比关系,一个通俗的原则叫"量力而行"。中学生是"纯消费者",更应懂得"量入为出",要防止入不敷出,在盲目的攀比和追求高消费中搞"超前消费"、"赤字消费"等畸形消费现象。

3. 培养学生节俭的习惯

提高学生对节俭重要性的认识,节俭不应该是物质匮乏时期的一种迫不得已的行为,而应该是任何时候都应坚持的优良品质。虽然当今社会物质丰富,但是能源和资源毕竟是有限的,为了人类社会的可持续发展,我们每个人都应该努力成为勤俭节约的典范。

4. 让学生切身体验生活的艰辛

可组织学生到田间劳动,到自然界接受生存考验,或者去真实了解父母工作的不易,让他们经风雨、见世面,体验生存的艰辛,培养他们吃苦耐劳的意志和勤劳俭朴的品质。

5. 积极取得家长的配合

消费在很大程度上属于家庭行为,古往今来,大凡有知识有远见的父母,不管拥有多少金钱与财富,家长都不会任由孩子去挥霍,而是对孩子的零花钱加以限制。学校可以要求家长有计划地给孩子零花钱,少带孩子到高档场所消费,鼓励孩子把钱用到有意义的地方等。


**【阅读资料】**

### 中学开设休闲教育教孩子"玩"

新闻晚报 2012 - 12 - 13

休闲时间,你会做些什么?面对这样的问题,大部分中学生直言,有属于自己的时间会选择上网、看电视。近日,记者从进才中学北校获悉,该校推出"独二代的家庭教育指南","学会休闲"成为家庭教育中重要的一章。

在一项"中日韩美四国高中生权益状况比较研究"调查显示,与日韩美三国高中生相比,中国学生不会"玩",休息日多选择学习、休息或上网;四国高中生的调查同时显示,休息日,美国高中生和朋友一起玩最多,日本高中生体育锻炼最多。

"我们调查发现,现在的学生很想玩。但是,如果没有电视和网络,很多学生会比较迷茫,不知道可以玩什么。"沪上一所小学的大队辅导员表示,越来越多的学生户外活动减少,"软件"问题也层出不穷,具体表现为怕吃苦、怕受累、意志薄弱、经不起挫折、难与人合作、不愿承担责任。

今年年初,两个华裔受到中国人的关注:一个是NBA球星林书豪,一个是这次招待我国国家领导人习近平的美国国宴掌勺蔡明昊。有趣的是,这两个人的教育背景和成名路径还很相似。林书豪毕业于哈佛大学经济学专业,却在篮球界成名;蔡明昊毕业于耶鲁大学机械工程专业,却在厨艺界成名。进才北校的吴佳老师从这两位华裔的身上得到这样的启发:树立良好的休闲价值观,坚持自己的兴趣爱好是多么重要。

其实将休闲辅导纳入中小学教育体系不是一件新鲜的事。早在1918年,美国"全国教育协会中等教育改造委员会"在《中学教育的基本原理》中,就确定了休闲辅导作为学校教育的目标之一,它是"闲暇时间的善用,教育应使个人从其闲暇生活中获得身心休息和愉悦,并充实其精神生活,发展其人格"。

"玩,是闲暇时间孩子的主要活动,也是不少家长最为操心的事。其实,让孩子玩,才能体现孩子天真的本性;教孩子玩,则是开发孩子智力、培养孩子能力的重要途径。"进才中学北校的金卫东校长表示,许多时候,孩子正是在玩的过程中增长了知识,训练了记忆力、想象力、观察力,培养了交往能力、创造能力。事实证明,一个真正会玩的孩子,也是一个善于学习的孩子。

对于我们现在的孩子来说,更多的是学习压力和挑战,以致平时用于游戏玩乐的时间越来越少了。因而,如何利用"有限的自由时间"科学而合理地去安排好休闲生活显得十分必要。

# 第四节　职　业　辅　导

## 一、职业辅导的概念

职业辅导是帮助学生选择职业、准备职业、安置职业,并在职业上取得成功的过程。香港的学生从上小学就开始接受有关职业的教育,开始初步认识社会中都有哪些职业。到了中学,正规的职业生涯辅导和训练就成为所有学生都能接触到的知识。香港的中学里一般都会有专业辅导教师,在 1959 年还成立了"香港辅导教师协会",致力于帮助学校为学生提供升学、就业及一般辅导。

在香港,直接从事学生职业教育和训练的机构是成立于 1982 年的职业训练局(VTC),它也是香港最具规模的专业教育及培训机构。从 2005 年开始,该局通过不同途径推行及参与职业导向课程建设,例如"高中职业导向多元化课程试点计划"(由教统局推行)、"学校伙伴试点计划"和"职业英语试点计划",为中学生提供多元化训练,提升他们的学习兴趣,为他们将来升学及就业做更充分的准备。

相比之下,我国内地中小学职业辅导起步较晚,大多数学生到了大学才会接触到专业的职业辅导。

## 二、职业辅导的目标

1. 教育学生热爱劳动,培养劳动习惯,懂得平凡劳动的社会价值,帮助学生树立正确的劳动观、职业观、择业观。

2. 帮助学生从身边职业开始,逐步深入社会,了解本地区各类学校和各类职业的情况。

3. 帮助学生了解自己,引导学生扬长避短,提高学生综合素质,发掘学生的潜能。

4. 帮助学生正确协调个人志愿和国家需要之间的关系,根据国家需要和自己的特点确立初步的职业意向,提高升学和就业的决策能力。

## 三、职业辅导的任务

1. 从起始年级开始,有计划、有步骤地对学生进行职业观和职业理想教育,并向他们讲解社会主要职业和专业的有关知识,使他们逐步形成正确的职业意识和职业理想。

2. 收集和积累学生的个人资料,包括每个学生的学习成绩、能力、智力、兴趣、志向、思想品格和家庭经济状况;同时调查和了解企事业用人单位、各级各类职业技术学校以及普通学校的职业、专业的内容,招工和招生的条件,有关工种的劳动强度和报酬待遇等。

3. 对毕业生进行个别指导的咨询,帮助他们根据社会需求和个人特点来确定就业或升学的方向,选择合适的职业或专业;同时学校也可向用人单位和高一级学校推荐合适的人才。

## 四、职业辅导的内容

### (一) 认识自己

1. 了解自己的性格

可以通过 MBTI 了解自己的性格。

美国的凯恩琳·布里格斯和她的女儿伊莎贝尔·布里格斯·迈尔斯共同研制了迈尔斯—布里格斯类型指标(MBTI)。这个指标以瑞士心理学家荣格划分的 8 种类型为基础,加以扩展,形成四个维度,即

① 外倾(E)—内倾(I);② 感觉(S)—直觉(N);③ 思维(T)—情感(F);④ 判断(J)—知觉(P)

四个维度如同四把标尺,每个人的性格都会落在标尺的某个点上,这个点靠近哪个端点,就意味着个体就有哪方面的偏好。如在第一维度上,个体的性格靠近外倾这一端,就偏外倾,而且越接近端点,偏好越强。

表 2-1　MBTI 的维度及其表现

| 外倾型 | 内倾型 |
|---|---|
| 与他人相处精力充沛<br>行动,之后思考<br>喜欢边想边说出声<br>说的多于听的<br>高度热情地社交<br>反应快,喜欢快节奏<br>重广度而不是深度 | 独自度过时光,精力充沛<br>思考,之后行动<br>在心中思考问题<br>听的比说的多<br>不把兴奋说出来<br>仔细考虑后,才有所反应<br>喜欢深度而不是广度 |

| 思维型 | 情感型 |
|---|---|
| 退后一步思考,对问题进行非个人因素的分析<br>重视符合逻辑、公正、公平的价值;一视同仁<br>被认为冷酷、麻木、漠不关心<br>认为圆通比坦率更重要<br>只有情感符合逻辑时,才认为它可取<br>被渴望成就而激励<br>着眼于现实 | 超前思考,考虑行为对他人的影响<br>重视同情与和睦;重视准则的例外性<br>被认为感情过多,缺少逻辑性,软弱<br>认为圆通与坦率同样重要<br>无论是否有意义,认为任何感情都可取<br>被为了获得欣赏而激励<br>以一种"绕圈子"的方式着眼于未来 |

| 感觉型 | 直觉型 |
|---|---|
| 相信确定和有形的东西<br>喜欢新想法—除非它们有实际意义<br>重视现实性和常情<br>喜欢使用和琢磨已知的技能<br>留心具体的和特殊的,进行细节描述<br>循序渐进地讲述有关情况 | 相信灵感和推断<br>为了自己的利益,喜欢新思想和概念<br>重视想象力和独创力<br>喜欢学习新技能,但掌握之后很易厌倦<br>留心普遍的、象征性的,使用隐喻和类比<br>跳跃性地展现事实 |

| 判断型 | 知觉型 |
|---|---|
| 做了决定后最为高兴<br>工作原则:工作第一,玩其次<br>建立目标,准时地完成<br>愿意知道它们将面对的情况<br>着重结果(重点在于完成任务)<br>满足感来源于完成计划<br>把时间看作有限的资源,认真地对待最后期限 | 当各种选择都存在时,感到高兴<br>玩的原则:现在享受,然后再完成工作<br>随着新信息的获取,不断改变目标<br>喜欢适应新情况<br>着重过程(重点在于如何完成工作)<br>满足感来源于计划的开始<br>时间是可更新的资源,最后期限有收缩性 |

2. 了解自己的兴趣

兴趣建立在个体需要的基础上,对其环境中的人、事、物所产生的喜爱程度,是个体对某种事物或从事某种活动的选择性态度和积极的情绪反应,是个体力求认识、掌握某种事物,并经常参与该种活动的心理倾向。

当人们专心致志地从事某项活动,甚至是忘我地完全沉浸在这种活动中时,他们感到最为愉快和满足。在这种状态下,人们没有考虑做这件事情可能带来什么样的回报或是担心自己的表现如何,而是整个人都忘情地投入其中,享受从事这个活动过程本身带来的快乐。这种活动通常对我们的体力或智能有一定的挑战,但可以使人们最大限度地使用自己的技能。

兴趣不同于能力,虽然多数情况下对于感兴趣的活动个体会花费更多的时间和精力去提高这方面的能力,但能做好的人并不一定能够在做的过程中获得快乐。

兴趣不同于性格,虽然符合性格特征的活动更可能让我们产生兴趣,但性格是进行活动时的一种习惯和自然方式,兴趣是进行活动时的投入、快乐、忘我的一种状态。

通过霍兰德职业兴趣类型可以了解自己的兴趣。

表 2 - 2　霍兰德职业兴趣类型

| 类型 | 喜欢的活动 | 重视 | 职业环境要求 | 典型职业 |
|---|---|---|---|---|
| 实用型 | 用手、工具、机器制造或修理东西。愿意从事实质性的工作、体力活动，喜欢户外活动或操作机器，而不喜欢在办公室工作 | 具体实际的事物，诚实，有常识 | 使用手工或机械技能对物体、工具、机器、动物等进行操作，与"事物"观察的能力比与"人"打交道的能力更为重要 | 园艺师、木匠、汽车修理工、工程师、军官、兽医、足球教练员 |
| 研究型 | 喜欢探索和理解事物，喜欢学习研究那些需要分析、思考的抽象问题，喜欢阅读和讨论有关科学性的论题，喜欢独立工作，对未知问题的挑战充满兴趣 | 知识，学习，独立，成就 | 分析研究问题、运用复杂和抽象的思考创造性地解决问题的能力，谨慎缜密，能运用智慧独立地工作，有一定的写作能力 | 实验室工作人员、生物学家、化学家、心理学家、工程设计师、大学教授 |
| 艺术型 | 喜欢自我表达，喜欢文学、音乐、艺术和表演等具有创造性、变化性的工作，重视作品的原创性和创意 | 有创意的想法，自我表达，自由，美 | 创造力，以非传统的方式表现自己；相当自由、开放 | 作家、编辑、音乐家、摄影师、厨师、漫画家、导演、室内装潢设计师 |
| 社会型 | 喜欢与人合作，热情关心他人的幸福，愿意帮助别人成长或解决困难、为他人提供服务 | 服务社会与他人，公正，理解，平等，理想 | 人际交往能力，教导、医治、帮助他人等方面的技能，对他人表现出精神上的关爱，愿意担负社会责任 | 教师、社会工作者、牧师、心理咨询师、护士 |
| 企业型 | 喜欢领导和支配别人，通过领导、劝说他人或推销自己的观念、产品而达到个人或组织的目标，希望成就一番事业 | 经济和社会上的成功，忠诚，冒险精神，责任 | 说服他人或支配他人的能力，敢于承担风险，目标导向 | 律师、政治运动领袖、营销商、市场部经理、电视制片人、保险代理 |
| 事务型 | 喜欢固定的、有秩序的工作或活动，希望确切地知道工作的要求和标准，愿意在一个大的机构中处于从属地位，对文字、数据和事物进行细致有序的系统处理以达到特定的标准 | 准确、有条理、节俭、盈利 | 文书技巧，组织能力，听取并遵从指示的能力，能够按时完成工作并达到严格的标准，有组织有计划 | 文字编辑、会计师、银行家、簿记员、办事员、税务员和计算机操作员 |

**（二）认识职业**

在繁杂的工作世界中挑出相关、有用的信息，是项艰巨的工作。按照一定的规则将职业分类，学生可以轻松地找到与自己特点相关的工作。下面是一些比较经典的职业分类方法：

1. 《中华人民共和国职业分类大典》

《中华人民共和国职业分类大典》是我国第一部对职业进行学科分类的权威性文献，由劳动和社会保障部、国家质量技术监督局、国家统计局联合编制。该书将中国目前的社会职业分为 1943 个，这 1943 个职业分归 8 大类、66 中类、413 小类，并具体确定了各个职业名称。其中 8 个大类具体为：国家机关、党群组织、企业、事业单位负责人；专业技术人员；办事人员和相关人员；商业、服务业人员；农林牧畜和水利业生产人员；生产、运输设备操作人员及有关人员；军人；不便分类的其他从业人员。

2. JobSoSo 职业分类

JobSoSo 是国内职业测评公司北京北森公司于 2005 年 3 月 16 日正式发布的，它以全球领先的职业分类信息技术为基础，并经过适度的本土化，可以进行独立的职业信息搜索。这一系统包含 1000 余种职业，可以分为 22 大类：管理；传媒、艺术、文体娱乐；销售及相关职业；商业及金融；医疗专业技术；行政及行政支持；计算机和数学分析；医疗卫生辅助服务；农林牧业；建筑、工程技术；安全保卫、消防；建筑及冶炼类；科学研究；食品加工和餐饮服务；设备安装、维修和保养；社区及社会服务工作；建筑物、地面清洁及维护；企业生产；法律工作；个人护理及服务性职业；物流；教育、培训及图书管理。它对某个具体职业从职位名称、直属上级、直属下级、合作部门、职业描述、工作内容、教育背景、核心课程、工作经验、培训认证、工作环境、职业前景、知名公司、薪酬待遇、相关职业、榜样人物、该职业对人的核心要求等角度进行了比较全面的描述，可作为职业辅导的有力参考。

**（三）职业决策**

职业决策的过程是个人的决策过程。一个人对决策越是认真考虑，这一决策成功的把握就越大。职业决策的一般过程为：

1. 明确要决策的问题：即为什么要进行专业或职业的选择，需要做什么样的选择，这种选择由什么原因引起，需要解决什么问题。

2. 收集有关信息：做决策需要大量的信息，职业选择最主要的是要有三方面的信息，一方面是个人的情况，主要包括个人所受的教育程度、意愿、个人的能力、个性、身体的健康状况和渴望做成这件事的动力等;另一方面是职业的情况,主要包括职业的类型、职业的报酬、职业的要求等;还有一方面是社会的信息,主要有社会对职业的需求量、求职的竞争程度、职业的发展趋势等。

3. 列出各种备选方案:通过综合有关信息,可以确定两种或两种以上的可能的选择方案,排除所有的可能性,以便找出理想的选择方案。

4. 决策利弊:这一步骤,需要对所有可能选择的方案进行平衡比较,分析各选择方案的优点和缺点,将各种方案按优劣排序。

5. 作出抉择:一旦权衡了利弊,即可找出合理的选择。

6. 采取行动:采取一些积极的行动,努力实现自己的选择。

7. 检查已作出的决策及其后果:这是对自己的选择方案进行反思和检验,验证它是否解决了在步骤(1)中提出的问题。如果答案是肯定的,则可以维持原决策不变;如果决策的实施没有解决所确定的问题,就需要按上述步骤的程序从头开始,以便作出新的决策。

**(四) 职业辅导的基本原则**

1. 职业辅导是协助个人发展能力,以适应不断变化的社会。职业辅导重视个人的发展,承认个别差异,注意个人的兴趣、能力、性向和价值的全面发展。职业辅导必须注意学生个人在发展上的问题,使学生明确自己的需要和了解需要。如果个人能够全面充分地发展,社会才有创造力。

2. 个人的发展是从小到大受到身心的成熟和环境的影响,不断地养成职业观念。辅导时应注意个人在各阶段的发展中的机会和影响因素,提供不同的资料和经验,以配合个人的希望制订职业发展计划。

3. 成功的职业选择,在于完成自我的观念。所谓自我观念,是个人所拥有的对自己所要求的理想、希望、目标和价值。与自我观念有密切关系的是个人的职业目标。个人求生存乃是通过职业的选择以及实现个人的希望,寻求理想的人生目标。探求个人人格及其对职业选择的影响,才是职业辅导的重点。而提供信息、建议或指示仅是与辅导相关的活动。

4. 咨询师是辅导工作的中心。职业辅导最有价值的地方,在于帮助学生了解他与职业的关系,而刺激他去寻求职业的发展。如何使他适合自己的能力,做有意义的职业活动,则有赖于咨询工作。咨询工作不一定是最后的辅导工作,但它却是每件工作的开始,而且是最重要的过程。

5. 职业辅导是一种服务。学生是服务对象,故一切服务必须以学生为出发点,以学生的发展、福利和快乐为主要目的。职业辅导虽然必须跟其他机构发生关系,但是主要的还是通过热诚的帮助,让学生自己作出最合理的选择。因此,职业辅导是以与学生的关系为主,与其他机构的公共关系为辅。

6. 职业辅导的技术是综合性的。因此,职业辅导必须注意各种科学的研究方法、心理试验的结果、科学的统计与处理以及咨询技术的应用。缺乏理论基础和技术的应用,将使职业辅导工作流于空洞、虚浮。

7. 职业辅导是帮助个人,使其能自己作决定。职业辅导应启发个人的能力,以评价自己的教育和职业性向,从而配合个人的环境、能力所允许的机会作出决定,并促进职业发展。

## 【阅读资料】

### 中学生职业规划不早了

今晚报　　2012－05－06

提到职业生涯规划,很多学生和家长都认为这是进入大学该考虑的事情,以至于高考完之后,还有很多学生拿着志愿填报表问老师,"我该选择什么学校、什么专业?"这种被耀华中学老师、青少年心理专家张丽珊老师认为"不正常"的现象,每年都会重演。有调查显示,七成高考生对自己的志愿填报没有明确想法,超过半数的学生家长仅仅将"好就业"作为选择专业的主要考虑因素。

追根溯源,造成学生对自身职业生涯无规划的原因,是他们压根就没有意识到职业的选择与培养应该是高中时期该做的。记者在对十几位进入职场的本科毕业生采访后发现,他们常说的一句话就是"当时是家长让报这个专业的"。很多高中生临到毕业,还不知道自己的兴趣特长是什么,对"职业"这个概念的认识仅限于"就业挣钱"的工具,更谈不上对社会上一些常见职业类型的基本认识。家长很少细想孩子的兴趣和潜力所在,眼光只停留在分数和好大学上,认为"考了高分,上了好大学,'黄金屋'、'颜如玉'就水到渠成"。"考高分"成为孩子高中三年追求的目标,"好专业"这种成就孩子一生职业方向的关键选择却在高考后短短的几天被仓促决定。大多数家长也认为,高中教育的唯一目的就是升入大学深造,讨论学生的职业生涯是大学毕业时的事。同时,职业生涯规划课程仅出现在大学,被称为"就业指导",而几乎少有中学对学生进行过职业生涯教育。结果就是高考报志愿时,学生只考虑"分数线能上某个专业就填该专业,根本不清楚自己想干什么,也不清楚自己能干什么"。

耀华中学张丽珊老师提醒家长:让孩子在中学时期就进行职业规划,而不是到高考后报志愿时临时"抱佛脚",家长起着至关重要的作用。高中三年不仅仅是孩子学习课本知识的时期,也是家长引导学生认识社会,了解职业,同时,了解自己兴趣、能力的重要阶段。在这个时期中,各位家长应该重视孩子自身的优点长处,而不是将自己的愿望强加给孩子。

职业规划是"放大优势"的过程,希望家长和老师们能早动手,为中学生全面收集信息,了解孩子自身特点,从而为寻觅到适合孩子的专业和职业做好充分准备。对于成绩稍差的孩子来说,进行职业规划更可谓是雪中送炭,能帮助他们趋利避害,发掘自己除了书本学习能力之外的其他潜能,将自己的兴趣和特长与将来的工作联系起来,把自己锻炼成某方面的行家里手。

## 本章小结

1. 学习辅导是指教育者运用学习心理学及其相关理论,对学生在学习活动中发生的各种问题(包括认知、动机、情绪、行为等方面)进行辅导。

2. 学习动机是指激发个体进行学习活动,维持已经引起的学习活动,并导致行为朝向一定的学习目标的一种内在过程或内部心理状态。学习动机辅导主要包括正确学习动机的激发、培养积极的能力信念和合理运用奖惩三个方面。

3. 学习策略是指学习者为了完成一定的学习任务与目标,所采用的有效的认知活动,具有主观能动性、有效性、过程性和迁移性的特点。

4. 学习策略可以分为:基本学习策略、支持性学习策略和自我调控策略。

5. 人格辅导是一种针对学生进行的以发展学生心理素质、培养学生健康和适应现代社会需要的人格为目的的帮助和指导。

6. 人格是一个人比较持久稳定的心理特征的总和,因此,人格辅导力求使被辅导者人格完整统一。人格完整统一就是指个人具有健全统一的人格,即个人的所想、所说、所做都是协调一致的,个人具有正确的自我意识、良好的情绪反应、融洽的人际关系,能以积极进取的人生观作为人格的核心,把自己的需要、目标和行动统一起来。

7. 生活辅导主要是通过休闲辅导和消费辅导等,来培养中小学生健康的生活情趣、乐观的生活态度和良好的生活习惯。这对于青少年将来获得幸福而充实的生活具有潜在的影响,同时对他们发展个性、增长才干、提高学习效率也具有有利的迁移作用。

8. 休闲辅导不能仅仅理解为是一种娱乐活动,而是指帮助学生确立正确的休闲观念和态度,获得必备的休闲知识与技能,以及学会选择安排有益的休闲活动方式,从而使自己获得充实而丰富的休闲生活,发展自己的才能与个性。休闲辅导的形式主要包括开设休闲辅导课程、组织学生休闲团体和课余休闲活动等。

9. 职业辅导是帮助学生选择职业、准备职业、安置职业,并在职业上取得成功的过程,主要内容包括认识自己、认识职业和职业决策三个方面。

## 讨论与思考题

1. 什么是学习辅导?它与我们平时所说的"家教"和"学业辅导"有什么区别?

2. 对于培养学生的健全人格,你有什么好的建议?

3. 休闲生活对于中学生的意义和价值何在?请谈谈你的看法。

4. 职业辅导对于中学生而言为时过早吗?你是如何理解这个观点的?

# 第三章 中学生心理健康及其评估

【学习目标】

1. 掌握心理健康的概念及意义。
2. 掌握正常和异常心理的区分原则及心理健康标准。
3. 掌握影响中学生心理健康的因素。
4. 掌握常用的心理评估工具的使用方法。
5. 运用所学习的知识对具体的中学生心理健康问题进行分析。

中学生正处在人生成长发育过程的一个特殊阶段。在这一时期，从生理上来说，他们正处于青春发育期；从心理或思想上来说，都居于尚未成熟的成长期。正是由于他们身心发展的不平衡，容易产生学习、生活、人际交往、升学就业和自我意识等诸多方面的心理困惑及心理问题。因此，加强中学生心理健康教育，全面提高中学生心理素质，是新时期面临的重大任务，广大教育工作者应给予足够的重视，全面普及心理健康教育。

## 第一节 心理健康概述

健康是人类永恒的追求，健康是人生首要的财富。正如古希腊哲学家赫拉克利特所说，如果没有健康，智慧就难以表现，文化就无从施展，力量就不能战斗，财富就变成废物，知识也无法利用。有了健康就有了希望，有了希望就有了一切。那么到底什么是健康呢？我们平时说的心理健康与健康有什么联系呢？

### 一、现代健康观

健康是一个历史概念，健康的含义在人类发展的不同时期有着很大的不同。在相当长的一段时间内,人们关注的中心一直是身体健康问题,这时健康的意义以及健康的程度是以身体是否存在疾病和疾病的严重程度来衡量的。

从19世纪中叶起,人们对健康的理解开始不断地发生变化。美国学者威廉·斯威萨(William Sweeter)于1843年撰写了世界上第一部心理健康专著,第一次明确提出了"心理健康"的概念。1908年,美国人比尔斯(C. W. Beers)在康涅狄格州成立了世界上第一个心理卫生协会,标志着现代心理健康运动的兴起。从此,健康的含义中增加了心理健康这一重要成分,人们在关注身体健康的同时也开始重视心理健康。

1948年,联合国世界卫生组织(World Health Organization,简称WHO)在其宪章中提出:"健康是一种在身体上、心理上和社会上的完满状态,而不仅仅是没有疾病和虚弱的状态。"

1989年,世界卫生组织又对健康提出了全新的完整定义:"健康不仅是没有疾病,而且包括躯体健康、心理健康、社会适应良好和道德健康。"从世界卫生组织对健康的新定义来看,健康并不是人们在一般意义上所理解的身体好、没有疾病、没有缺陷、不虚弱,而且还要求心理健康、社会适应能力良好和道德健康。只有具备了以下四个方面的良好状态才是一个完全健康的人。

(1)躯体健康(生理健康)。躯体健康是指身体结构和功能正常,具有生活的自理能力。这是健康的基础,是人们正常生活和工作的基本保障。

(2)心理健康。心理健康是指个体能够正确认识自己,及时调整自己的心态,使心理处于良好状态以适应外界的变化。心理健康有广义和狭义之分:狭义的心理健康主要指无心理障碍等心理问题;广义的心理健康指一个人具有良好的心理品质和健全的人格。心理健康和生理健康同样重要。

(3)社会适应良好。较强的适应能力是心理健康的重要特征。心理健康的人应能与社会保持良好接触,对于社会现状有清晰、正确的认识。既有远大的抱负和理想,又不会沉湎于不切实际的幻想与奢望,注重现实与理想的统一。对于现实生活中所遇到的各种困难和挑战,不怨天尤人,用切实有效的方法去解决。

(4)道德健康。道德健康是指能够按照社会规范的细则和要求来支配自己的行为,能为人们的幸福作贡献,表现为思想高尚,有理想,有道德,守纪律。

总之,在现代社会,人们对健康的认识和健康概念的理解越来越深刻,而且越来越多的教育工作者认识到心理健康的重要性。开展中学生心理健康教育,提高中学生心理健康水平,已经成为教育事业的重要组成部分。

## 二、心理健康状态的等级划分

心理健康与生理健康是健康概念不可分割的部分,但是心理健康标准很难做到像生理健康那么具体、精确和绝对。因为心理现象是主观精神现象,它的度量很难有一个固定而清晰的界限。根据中外心理健康专家们的研究,可将心理健康水平分为三个等级:

### (一)心理健康状态

心理健康状态表现为有愉快的心理体验,心情经常处于愉快状态;适应能力强,善于自我调节,善于与他人相处,能较好地完成同龄人发展水平应做的活动,具有调节情绪的能力;这类人心理基本健康,无明显心理冲突,基本适应环境。

### (二)心理正常,但存在心理问题

心理正常,但存在一定心理问题的人会表现为不具有同龄人应有的愉快,与他人相处略感困难,生活自理能力偏低;在遇到学习、生活中的烦恼时,容易产生抑郁、压抑等消极的情绪状态;如果主动调节或通过专业心理辅导人员的帮助,就会消除或缓解心理问题,逐步恢复常态。

### (三)心理异常

心理异常表现为严重的心理适应失调,已经严重影响到正常的生活、工作,如不及时进行心理咨询与治疗,就有可能恶化,以致难以维持正常的学习和工作,甚至最终成为精神病患者。

## 三、心理健康的标准

### (一)心理正常与异常的区分原则

根据心理学对心理活动的定义,即"心理是脑对客观事物的主观反映",我们有理由提出如下三条原则,作为确定心理正常与异常的依据。

1. 主观世界与客观世界的统一性原则

因为心理是客观现实的反映,所以任何正常的心理活动和行为,必须在形式和内容上与客观环境保持一致。如果一个人说他看到或听到了什么,而客观世界中当时并不存在引起他这种感觉的刺激物,那么,我们有理由肯定,这个人的精神活动不正常了,他产生了幻觉。另外,一个人的思维内容脱离现实,或思维逻辑背离客观事物的规律便形成妄想。此外，在临床上，常把自知力作为是否有精神病的指标，其实这一指标已涵盖在上述标准之中。所谓"无自知力"或"自知力不完整"，是一种患者对自身状态的错误反映或称为自我认知统一性原则的丧失。

2. 心理活动的内在一致性原则

人类的精神活动虽然可以被分为知、情、意等部分，但它自身却是一个完整的统一体，各种心理过程之间具有协调一致的关系，这种协调一致性保证人在反映客观世界过程中的高度准确和有效。比如一个人遇到一件令人愉快的事，会产生愉快的情绪，手舞足蹈，欢快地向别人述说自己内心的体验。这样，我们就可以说他有正常的精神与行为。如果相反，用低沉的语调向别人述说令人愉快的事，或者对痛苦的事作出快乐的反应，我们就可以说他的心理过程失去了协调一致性，属于异常状态。

3. 人格的相对稳定性原则

每个人在自己长期的生活道路上都会形成自己独特的人格心理特征。这种人格特征形成之后具有相对的稳定性，在没有重大外界变革的情况下，一般是不易改变的。它总是以自己的相对稳定性来区别一个人与其他人的不同。如果在没有明显外部原因的情况下，这种个性的相对稳定性出现问题，我们也要怀疑一个人的心理活动是否出现异常。这就是说，我们可以把人格的相对稳定性作为区分心理活动正常与异常的标准之一。比如，一个用钱很仔细的人突然挥金如土，或者一个待人接物很热情的人突然变得很冷淡，如果我们在他的生活环境中找不到足以促使他发生如此改变的原因时，就可以说他的精神活动已经偏离了正常轨道。

**(二) 心理健康的标准**

综合国内各学者关于心理健康的标准，从心理过程的完整性和协调性上，按照心理现象自身的规律来认识，总结出健康的心理状态应符合以下几项标准：

1. 具有正常的智力水平

智力是学生进行正常生活最基本的心理条件。智力是人的观察力、注意力、想象力、记忆力、思维力的综合。正常的智力是人一切活动最基本的心理前提。正常的智力使人在认识世界、认识环境、认识自我时，持客观的态度，正确地看待各种事物，不会"以自我为中心"。如果智力有缺陷，则人的社会化的过程难以有所进展，心理发展水平必然受到阻碍，人便难以独立生存。

2. 具有正确的自我认知

具有正确的自我认知是心理健康对自我认知方面的要求。正确评估周围环境，不过高评估环境对自己的影响，也不过低忽视环境的作用。善于发现环境中的积极方面，对自己作出最恰当的评价，不妄自菲薄，也不过于自卑。能正确地认识周围环境，积极运用方法，脚踏实地地做事。

3. 具有稳定乐观的情绪

情绪是心理健康的重要方面。保持稳定乐观的情绪对心理健康尤为重要，它能帮助个体在顺境时保持清醒的头脑，在困难时有战胜挫折的勇气。不稳定，变幻莫测的情绪和每天愁眉苦脸，郁郁寡欢的情绪都是不健康的心理表现。

4. 具有坚强的意志力和自控能力

意志是在完成一项有目标的活动时，所进行的选择、决定和执行的心理过程。人的意志品质包括意志的自觉性、果断性、坚持性和自制性。在遇到困难和挫折或者生活的不如意时，需要有克服困难的意志力，并且对这些困难不采取回避态度，具有良好的自控能力，克服困难，排除干扰，保证学习和工作的顺利完成。因而意志力和自控能力是否健全是衡量心理健康的标准之一。

5. 具有与他人建立和谐人际关系的能力

与他人建立和谐人际关系的能力，这是心理健康对社会能力的要求。所谓人际关系能力，就是人能够适应周围环境，能够与周围人和睦相处，并且开展有效合作，完成相关学习工作任务的能力。人的心理适应，最主要就是针对人际关系适应，很多心理问题的起因都是由于人际关系失调而来。心理健康的人乐于和他人交往并且乐于与他人建立良好的关系。

6. 具有适度的行为反应

行为反应适度是心理健康的一个标志。每个人在行为反应上是存在差异的。对于一个人而言，不同的时期，他的行为反应也是不同的。对于一件事情，或者一个刺激，反应过激或无动于衷，都是心理异常的表现。如果发现行为反应不恰当，应该及时纠正。

7. 心理与行为符合年龄特征

人生的每个阶段都有其独特的心理与行为特点，即所谓心理年龄特征。不同人生阶段的人，其心理与行为特点与其年龄特点基本符合才是心理健康的表现。

**（三）中学生心理健康的特点**

根据国内外对心理健康的标准和青少年的心理发展特点，我们认为，青少年的心理健康标准应该有别于成年人，具体表述如下：

1. 具有良好的认识自己、接纳自己的心态和意识。
2. 能够调节、控制自己的情绪,使之保持愉悦、平静。
3. 能够承受挫折。
4. 能够较客观地认识周围的环境,适应环境并能改造环境。
5. 人际关系协调,具有合群、同情、爱心、助人的精神。
6. 具有健康的生活方式与生活习惯。
7. 思维发展正常,有创造力。
8. 有积极的人生态度、道德观、价值观和良好的行为规范。

# 第二节　影响中学生心理健康的因素

在中学时代,学生将面临着社会化的任务,将会经历陌生而丰富的人与事,纷繁的世界常使他们目不暇接,难以适应,也常常使他们要承受多种精神负荷。上学、考试、交往、长高、青春发育等许多在成年人眼里普通而简单的事情,对中学生而言却是一个个人生的重要关卡。他们缺少相应的知识,缺乏经验和阅历,人生的每一步对他们来说都可能是考验,他们在这诸多的考验中长大和成熟。面对考验,他们并不一定都能够跨越过去,出现心理问题是极为正常的。这些导致他们出现心理问题的各种原因就成为影响心理健康的重要因素,有生物学因素、个人自身因素以及家庭、学校、社会等的影响。

## 一、生物学因素

下面我们将具体介绍影响中学生心理健康的生物学因素以及这些因素是如何发生作用的。

### (一) 遗传因素

遗传素质对于人体的成长发育及性格、智力的形成与发展都有着十分重要的作用。通过家谱分析研究,有心理健康问题的学生家族中,患有各种精神病、发育迟滞等病史者明显多于正常学生家族。这说明遗传因素在心理发展方面的作用不容否认。

### (二) 母孕期及分娩因素

遗传因素是通过母亲怀孕来完成的。因此,在母亲怀孕时,其营养、情绪及身体健康状况都会对孩子心理健康产生很大影响。母亲营养不良可使儿童智力低下,失去好奇心等;母孕期若遭受严重外伤,或分娩时发生诸如早产、难产,新生儿窒息等都会影响孩子心理功能的健康发展。早产儿、剖腹产等原因都会对学生的心理健康产生影响。此外,母亲孕期吸烟、酗酒、吸毒等因素都会在以后对中学生的心理健康产生不利影响。

### (三) 生长发育及营养因素的影响

生长发育与营养状况对孩子心理发展有十分重要的影响。生长发育迟缓、营养不足在幼年时可表现为说话晚、走路晚、运动不协调、环境适应能力差等,这类儿童长大后出现各种心理障碍的概率明显高于正常发育儿童。幼年期的营养不良对孩子的心理健康影响可能持续到中学时期。

### (四) 其他生物学因素

人的心理健康状态及精神障碍与感染、脑损伤、躯体疾病及某些精神活性物质有一定关系。临床研究与实践发现,细菌、病毒、螺旋体及其他感染所引起的高热、维生素缺乏、血管病变等均可影响脑功能或器官性病变,从而出现各种精神症状。某些躯体疾病,如肝性脑病、肾性脑病、甲状腺、肾上腺等机能障碍、糖尿病、白血病等疾病都伴发一些精神症状。体外毒性物质如镇静药、催眠药、毒品、有机磷等农药及工业废气侵入人体内,均可影响人的中枢神经系统,而导致意识和精神障碍。

## 二、个人因素

影响中学生心理健康的自身因素主要包括:

### (一) 青春期的心理冲突

中学生的年龄一般在13—18岁,属于"青春期"阶段,在生理和心理上急剧变化,内心充满了矛盾与冲突。在日常生活和学习中,如果中学生不愿意用积极的方式去应对生活和学习中的困难和挫折,就易于产生心理健康问题。

#### 1. 生理发育与心理发展速度不均衡

目前中学生的生理发育普遍提前,而心理发展则严重滞后,两者间存在巨大的反差,再加上他们阅历浅,知识和经验不足,认识能力远远落后于成人。心理发展水平同生理成熟速度的不协调,是其心理冲突的一个基本原因。

2. 心理过程发展不协调

心理过程是由认识过程、情感过程和意志过程构成的,中学生认识、情感和意志发展也常出现不协调的现象。因为三种心理过程的发展,不仅受其生理发育制约,而且受外部环境影响。由于各种因素对不同心理过程影响不一致,心理过程就会产生不协调,如认识过程出现问题会导致情感不稳定,情感过程出现问题会导致意志不健全,意志过程出现问题会导致认识不深入等。

3. 青春期生理和心理发展引起的困惑和不安

中学生进入青春发育期之后,少男少女的"第二次性征"出现,暴风骤雨般的生理巨变,带来一系列生理心理的困惑与不安,使一些学生陷入苦恼和迷茫之中。近年来,学生生理发育普遍提前,开始经历一些与青春期发育有关的重要事件。他们往往因缺乏思想准备而表现出紧张、慌乱、不知所措的情绪,心理冲突比较明显。这个时期开始从对异性的疏远到渴望与异性接近,开始有了性的朦胧的冲动等,这些都可能使他们的心理长期处在紧张状态而得不到缓解。

**(二)个性结构发展不完整**

个性品质因人而异,不同的个性面对同一问题会有不同的表现。内向的人内心体验比外向的人深刻持久。性格在很大程度上决定了个人对外界刺激的态度和反应方式,个人的行为反应又影响到自身的各种机体状态,因而它影响着个人的身心健康、活动效率及社会适应失误状况。

个性的形成受许多因素制约,其中个性倾向与个性心理特征之间也相互作用和影响,如性格自卑会左右能力的发展,能力差也会导致自卑性格的产生。个性结构发展的完整性也是影响中学生心理健康的自然基础和内在原因。

**(三)自我意识**

青春期是自我意识发展的高涨期,中学生自我意识发展的主要表现是进入了自我分化阶段;成人感和独立意向显著;自尊心发展突出;自我评价水平逐渐提高,趋于成熟。由于他们身处过渡阶段,心理素质还不够稳定,属于心理上的"断乳期",因而自我意识也呈现出两重性倾向,其主要表现:

一是独立性与幼稚性相联。随着年龄的增长、知识的增多、交往的扩大,中学生自我意识迅猛觉醒,渐渐产生"成熟感",觉得自己不再是小孩了。为了证明自己是个"大人",喜欢在公众场合表现自己,以显示"不凡"与"成熟",其实这正是青少年"独立意识"觉醒的表现。这种独立性使得他们的自尊心、好胜心不断强化，是促进其个性发展的积极因素。但这种独立性却带有与生俱来的"毛病"——幼稚性、片面性。由于他们自以为已长大成人，自我感觉良好，因而不能正确认识自己，对家长和老师善意的忠告和必要的提醒常常拒之门外。看问题比较偏激，好走极端，有简单化、绝对化倾向。这就是他们独立性增强的同时，所表现出的幼稚的一面。

二是自尊心与自卑感同在。现在中学生生理发育的提前，加速了心理发展的进程。但由于认知水平所限，自我评价的全面性、深刻性和客观性程度还不高，往往不能对自己作出公正、客观的评价，即表现为自我评价偏高，对自己的能力缺乏实事求是的估计，没有"自知之明"，甚至狂妄自大，其结果往往以失败而告终。心理上的不成熟，导致自我调节能力也不完善，甚至出现自我否定的倾向。

三是闭锁性与开放性共存。中学生独立意识的增强，使他们渴望从成年人那里得到平等地位，乐于同成年人交流思想。但由于思维能力、生活阅历无法与成年人相比，客观上与成年人有很大差距，形成"代沟"，因而其"独立要求"、"平等意识"都无法得到满足，这就会严重挫伤他们那敏感脆弱的自尊，形成交往中的"闭锁性"。相反，他们在同龄人那里却可以无拘无束，畅所欲言，交流"成熟"体验，从而表现出与同龄人交往的"开放性"。这表明，当代中学生自我意识中"闭锁性"和"开放性"是同在的。

## 三、家庭因素

孩子最初的教育是由家庭提供的，父母是孩子的第一任老师，孩子在怎样的环境中成长，接受什么样的教育，对他们的心理发展具有直接影响。一个温馨和睦的良好家庭能给孩子健康成长提供一个好的条件；反之，一个不和睦的、经常爆发冲突的家庭则会对孩子的身心健康产生诸多不利影响。影响中学生心理健康的家庭因素主要包括以下几类：

### (一) 家庭环境因素

家庭环境包括住房环境、家庭成员组成、经济条件等自然结构。住房环境拥挤、嘈杂、经济落后、信息闭塞会阻碍中学生的心理发展。家庭不和睦或是家庭结构不完整，父母离异、一方或双方遗弃、死亡等对青少年的心理健康都十分有害。研究表明，父母离异或者再婚对儿童的性格及人际交往有许多负面的影响，与正常家庭中的孩子相比，离异家庭的孩子更容易表现为不易相信别人，胆怯心理更为突出。

平等、民主、求知气氛浓厚的家庭环境,则对孩子的成长起着积极的作用。这样的家庭环境有利于中学生正确认识自我,对自我的认识进行思索,自主地选择自我的发展道路,也有利于中学生学会与人沟通和合作的方式和技巧,使中学生的思维、意志、人际交往能力等得到和谐发展。

**(二)家庭教养态度**

教养方式是指父母对子女抚养教育过程中通常使用的方法,是父母各种教养行为的特征概括,是一种具有相对稳定性的行为风格。家庭教养态度是整个家庭因素的核心和关键。

家庭教养方式从不同方面直接或间接地影响着个体的人格形成以及个体的心理健康水平。否定的、消极的、拒绝的教养方式对个体的心理健康水平有一定层面的负面影响;而肯定的、积极的教养方式对子女的个性特征、社会交往、自我评价起积极作用。

父母的教养态度大致有民主型、溺爱型、专制型、放任型四种。下面分别介绍四种教养方式与孩子心理健康的关系。

1. 民主型教养方式

采用这种教养态度的家长对孩子既提出适当的要求和限制,又给孩子一定的自由,同时对于孩子提出的要求耐心地解释,确保孩子的言行符合相应的规范,父母与子女之间有良好的交流。在这种教养态度成长起来的中学生,独立性强于同龄人,又善于用理性、民主的方法解决面临的问题,自尊水平较高,自信心较强,人际关系良好。

2. 溺爱型教养方式

这种类型的父母放任孩子做决定,对孩子的错误行为不予纠正,凡事由着孩子的性子来,很少给予正确的指导和建议。在这种教养态度的影响下成长起来的孩子大多思想上不成熟,很任性,他们经常无视各种社会规则,倾向于完全按照自己的心性做事,与人交往时,往往不能够顾及他人的感受,缺乏同理心,具有较强的冲动性和攻击性,缺乏责任感。道德的核心就是责任感,溺爱型教养态度下成长起来的孩子往往具有道德问题。

3. 专制型教养方式

在专制型家庭中,家长很少考虑孩子的想法和意愿,当孩子不服从自己时表示愤怒,惩罚措施通常过于严厉。专断型教养方式会引发许多问题,最为常见的就是孩子感受不到来自家庭的温暖和爱。同时,孩子的内心深处会产生对父母的恐惧,这种惧怕可能会伴随孩子的一生,严重影响孩子对自己生活的决策和控制。一般而言,在这种教养方式下成长起来的孩子比较软弱,遇事容易退缩,与同伴交往遇到挫折时,易产生敌对情绪。

4. 放任型教养方式

放任型的家庭教养态度对孩子的伤害最大。家庭对孩子缺乏最基本的关注,态度上冷漠、敷衍、不闻不问,对孩子的成绩不予理睬,对孩子的需要视而不见,充耳不闻,更不要奢谈满足。在这种教养态度下成长起来的孩子与溺爱型教养态度下成长起来的孩子一样,具有较强的冲动性和攻击性,易被激怒。很少替别人考虑,缺乏同情心与怜悯心,对人缺乏热情与关心。当这类孩子成长到青春期阶段的时候,更容易出现一些反社会行为。

四种家庭教养方式类型中,民主型的教养方式对孩子的发展最有利。

### (三)家庭结构

家庭结构是指家庭成员不同的层次和序列组合。家庭结构的形式分核心家庭、主干家庭、残缺型家庭和完全型家庭。

核心家庭是指家庭成员只有父母和孩子的家庭结构形式。对于核心型家庭而言,父母一般来说都要外出工作,很少有时间和孩子待在一起。由于时间有限,教育孩子、管理孩子的机会很少;加上中学生正好处于青春期,具有叛逆心理,如家长与孩子不能及时有效地沟通交流,容易导致孩子的教养方式变为放任自流的放任型。

主干家庭是指由祖孙三代人构成的家庭。在这样的家庭里,家庭成员多,层次有三个,年龄差距大,有代沟。祖孙三代的教育背景、阅历、思维习惯、教育态度及理念很可能会不相同。如果教育理念差别很大,在子女的教育上往往出现相悖的现象,以至于削弱了教育的效果。

残缺型家庭是指诸如丧偶、离异的家庭,现存的一方容易将低落、悲伤的情绪迁怒于孩子,影响孩子,或者因为过度担心孩子受到影响而过分关注、溺爱,这些都会给中学生的心理造成不利影响。

完全型家庭是指父母双全的家庭。一般来讲,完全型家庭最有利于中学生的身心发展。

### (四)家庭成员的相互关系

对于中学生而言,他们不仅需要从家庭那里得到生存所需要的物质关怀,而且也需要从家庭得到精神上的关怀。所以,家庭成员之间和谐与否,关系着他们的心理健康。处于青春期的中学生们很渴望得到家庭成员的关怀、理解和支持。一旦家庭中父母关系较差，经常发生争吵和冷战，孩子很难在家庭中感受温暖和家长的关心，久而之，就会给孩子造成极大的伤害。孩子会无心学习，更有甚者出现反社会行为，走向违法犯罪。孩子也容易模仿和学习家长的不良沟通方式，无形中给孩子的人际交往带来压力和灾难。如果家庭和睦，亲子关系和谐，家庭成员互动形成良性循环，孩子在温暖的家庭中成长，在这样的环境中长大的孩子，心理健康程度比较高，更易于形成完满的人格和积极的心理品质。

## 四、学校因素

学校是通过各种活动，有目的、有计划地向学生施加影响，促进其成长的场所。学校是中学生长期生活学习的主要场所。对中学生的心理健康产生不良影响的学校因素包括：

### （一）不良的校风、班风与学风

所谓学风是指学习风气，包括学习态度、学习精神、学习风格和学习方法。一所学校有一所学校的学风，一个班级有一个班级的学风。优良的学风，不仅能有力地促进和保证学习任务的完成，而且有利于丰富、充实中学生的精神世界，有利于塑造美好心灵。校风不佳、班风涣散、学风不正，将对中学生的心理发展产生消极的影响。

### （二）师源性心理伤害

教师本身的心理障碍直接影响了学生的心理发展，学生是教师心理障碍的直接受害者。师源性心理伤害的成因是多方面的，有客观的教育体制上的原因，也有教师自身的主观原因，其直接的原因是教师本身的心理素质不高。教师的素质主要包括品德素质、业务素质、身体素质和心理素质，而与师源性心理伤害有关的主要是一些教师较低的品德素质和心理素质。教师的心理教育被忽视，是形成学生师源性心理伤害的客观原因。教师的教育行为受教师自身的心理健康状况的影响，也受到教师的工作态度和教师对学生身心发展知识掌握程度的影响，同时也受社会特别是学校评价的影响。但多年来，国家和社会在重视加强对学生的心理健康教育的过程中，忽视了对教师的心理教育，教师的心理教育成了一个教育盲点。教师的心理素质直接影响到学生的心理健康水平。

此外，教师自己缺乏心理调节能力，法律观念淡漠，是造成学生师源性心理伤害的一个重要原因,教师的心理健康从根本上说还得由教师自己维护。一个优秀的教师应该能够处理好两个方面的关系:既关注学生的心理健康,同时也重视自己的心理健康。优秀的教师在需要的时候能承受巨大的压力,但绝不应让自己一直处于压力之中以至于身心俱损,影响正常的工作和生活。有的教师心胸狭隘,对学生的一些情有可原的过失缺乏理解、宽容之心;有的教师不善于调节自身工作与生活中的压力与负面情绪,把学生当作不良情绪的宣泄对象。

## 五、社会因素

人都是生活在社会中的。一定社会的文化背景、社区环境、社会风气和学习生活环境等因素,都对中学生的心理健康产生着影响。

### (一) 社会环境

这里所指的社会环境是指一定社会的文化背景、社会意识形态和社会政治局面等。一定的社会文化背景,如风俗习惯、道德观等,从出生之日起就以一种无形的力量影响着他们,使他们逐渐形成理想、信念、世界观、需要、动机、兴趣和态度等心理品质。社会意识形态对人的心理健康的影响,是通过社会信息作为媒介的。中学生对社会信息的获得,可来自直接观察,也可来自别人的见解传授,如电视、报纸杂志、书籍、电影等。健康的社会信息,有助于中学生心理健康发展,而不健康的腐朽没落的社会信息,则会造成种种危害,如暴力电视或电影会引起中学生的攻击和犯罪行为。

### (二) 社会风气

社会风气与中学生的关系就像自然气候与植物的关系一样,社会风气可以通过家庭、同伴、传媒等途径影响其心理健康。如我国改革开放后,社会上曾一度刮起过"走后门"、"一切向钱看"、"搞原子弹的不如卖茶叶蛋的"等不良风气,都曾使一些中学生的心理发生扭曲,难以形成正确的人生观、世界观与价值观。因此,要确保中学生心理健康发展,学校、家庭和社会要共同抵制不良社会风气的影响,净化环境,树立健康向上的社会风气。

### (三) 学习生活环境

处于不同学习生活环境的学生,其心理健康状况也不尽相同。有研究发现,城乡差异、人口密度、环境污染、噪音等与人的生存密切相关的因素,对人的心理健康状况都存在明显影响。如生活在城市的中学生,由于住房单元化,同邻居伙伴的交往明显减少,这种状况不利于他们的社会化,使其缺乏与人交往的技巧,容易形成孤僻的性格。还有研究发现,人口密度过大与青少年犯罪率有密切关系,精神疾病以及其他心理变态也与人口密度有关。大城市物理环境和社会环境的变化日新月异,导致了过量信息的产生,使人们的心理严重"超负荷",拥挤使人们更容易产生矛盾、争吵,生活在其中的中学生也容易产生心理紧张,出现心理健康方面的问题。

**(四)社区环境**

社区是指若干群体或社会组织(机关、团体)聚集在某一地域内形成的一个在生活上相互关联的大集体,如街道、住宅小区、村庄、小镇等。社区对生活在其中的中学生的心理健康的影响,主要是通过社会传媒和社区环境产生的。学校和家长充分发挥社区对中学生心理的辅导作用,如有选择地组织中学生观看健康的、符合其年龄特点的电影、电视;欣赏音乐会、美术、摄影展等;充分挖掘社区环境中的积极因素,组织他们参加社区的各种公益活动,如绿地认养、照顾孤寡老人、环保宣传等,从这些有意义的活动中,中学生的能力可以得到锻炼,心理会变得更加成熟。

总之,对中学生的心理素质而言,家庭因素是基础,学校教育是关键,社会教育是保障,全面提高中学生的心理健康状况,需要三方面因素的协同努力。

# 第三节 中学生心理问题评估

切实了解中学生的心理问题或解除其心理障碍,就必须对其智力、情绪和个性有一定的了解;对他的个人生活史、目前生活状况、人际关系等有一定的了解;对他的心理问题或障碍的形成发展、严重程度以及心理活动的影响有一个确切的判断,而后才能选择最恰当的咨询方法和制订符合实际情况的咨询方案。在心理咨询和治疗的临床实践中,上述过程常常被称为"心理评估"。

## 一、心理评估的方法

当代认知心理学的兴起,将电子计算机、语言学以及信息论、系统论和控制论等新兴学科与边缘学科引入心理学科的研究中,将实验法、观察法和晤谈法等测量技术形成心理卫生评估体系。

## （一）心理测验法

心理测验就是通过观察人的少数有代表性的行为,对于贯穿在人的全部行为活动中的心理特点作出推论和数量化分析的一种科学手段。迄今为止,通过测量法对中学生的心理健康状况进行评估仍然是中学生心理问题早期发现的重要途径之一。通过使用标准化的心理量表,能够对学生目前阶段的心理健康状况进行评估,并筛选出心理危机干预和预警对象,科学、有效、及时地发现有心理问题的学生。

使用心理测验时,需要注意以下几个方面:首先,务必考虑主测者的资格。主测者的资格包含技术和道德两方面的要求。在技术方面,要求主测者必须具备一定的知识结构、心理测验专业理论知识和相应的专业技能;在道德方面,要求主测者恪守测验工作者的职业道德。其次,合理选择测验。所选测验必须符合测量的目的,同时必须符合心理测量学的要求,特别是要考虑其测验的信度、效度、常模和项目分析等问题,从而使得心理测验结果的解释更为科学规范。再次,对数据的分析和解释都应该由咨询中心的专业人员完成。测验分数是一个相对的数值,一般不应当把这种结果直接告诉被测验者或其他人员,而是告诉他们对测验结果的解释。解释分数要十分谨慎,要以有利于当事人的成长和发展为原则。在缺乏足够的资源进行解释时,研究者认为不进行测评结果反馈,也比简单地让参测学生自行读报告要好。最后,要注意保密原则。保密既是心理测验的技术要求,也是心理测验的伦理原则。保密是对参测学生的一个基本承诺,许多心理测验的内容涉及个人隐私,这些隐私问题是被试不愿暴露的。因此心理测验工作应尊重被试的人格,对个人信息加以保密,如果心理测验结果提示需要老师了解和掌握,以便更好地帮助学生时,必须首先征得其同意。

## （二）观察法

观察法是心理评估的最基本方法之一。观察者运用感觉器官对被观察者的可观察行为(如表情、动作、言语、服饰、身体姿势等),进行有目的、有计划的观察和记录并根据观察结果作出评估。对于一些心理异常的同学,我们可以通过观察他的外在行为来发现一些端倪。因为很多中学生心理障碍都具有外部表现的特征,如焦虑症患者坐立不安和愁眉不展;精神分裂症患者常有多种怪异行为、情感淡漠和行为与外界环境不协调等。学校的心理健康教育机构可以对中学生异常心理表现的知识进行普及,帮助相关学生和老师进行识别。心理咨询中心、任课教师以及学生都可通过日常观察,结合学生日常表现,分析其在言语、行为等方面出现的异常表现,如动作、姿态、表情、言语、态度和睡眠等,来评估和判断其心理健康状况,可以初步识别中学生的心理状态和心理问题。其中,初步观察时可参考中学生心理健康的标准和异常行为及心理的症状表现来进行识别,以判断是否有异常心理,但后期仍需专业人士诊断其存在的心理问题。

运用观察法时要求:一是观察者应有良好的观察习惯和敏锐的观察力,二是观察者与被观察者建立良好的关系,三是尽量避免主观心理效应的不良影响,四是把观察与思考相结合。

**(三)会谈法**

会谈法又称为"晤谈法"或"交谈法",是评估者与被评估者以面对面的交谈方式来了解来访者的心理健康状况,达到评估其心理健康状况目的的一种方法。因此,这种会谈也叫做诊断性会谈。众所周知,心理障碍的许多症状是以来访者的主观体验为主要表现的,如来访者的感知觉、思想活动、情感体验及对疾病的认识等,只有通过谈话才能觉察到它的存在并了解其内容,所以会谈法是评估和诊断心理健康状况的一种重要方法。中学生心理健康教育机构等相关专业人员,可以通过会谈法来观察学生的行为表现,评估其心理健康状况,及早发现心理问题。

**(四)简易临床诊断方法**

识别中学生心理问题的方法,除了以上方法外,还可以在结合以上几种方法的基础上,根据不同类型的心理问题的主要症状表现,对心理问题做一个更精准的识别,即简易临床诊断法,参考一些诊断标准,对心理问题进行一个大概的判断,此方法常用于自我诊断。但是心理障碍和疾病的最终确切诊断还需经过专业人员的专业诊断来确定,切忌仅根据此标准就给自己或他人扣个相应的疾病帽子。

## 二、常用的心理测验

### (一)学习障碍儿童筛查量表

1. 概述

儿童学习障碍(learning disabilities,简称 LD)是指不存在精神发育迟滞和视听觉障碍,亦无环境和教育剥夺以及原发性情绪障碍,而出现阅读、书写、计算、拼写等特殊学习技术的困难的症状,是教育界和医学界特别关注的一类心理行为发育障碍。美国心理和语言学家 Myklebust HR 等于 1981 年编制了学习障碍儿童筛查量表(the Pupil Rating Scale Revised Screening for Learning Disabilities,简称 PRS)。Myklebust 认为 LD 儿童的缺陷特征主要表现在语言和运动能力两个方面,因此该量表从这两方面入手,主要是通过教师或医生对儿童在语言和非语言两个方面的行为表现评定计分,借以筛查出 LD 可疑的儿童。PRS 经临床与教育应用,其信度与效度得到了充分的肯定,并被译成多种版本在许多国家使用。1994 年静进等对 PRS 进行了翻译、测试和修订。

2. 项目评定标准

PRS 由言语和非言语 2 个类型评定表及 5 个行为区构成,5 个行为区分别是:A 区——听觉理解和记忆,B 区——语言,C 区——时间和方位判断,D 区——运动和 E 区——社会行为,共 24 个项目。该量表的适用范围是 3—15 岁,一般由教师或医生进行评定,根据儿童表现以五级评分法计分:最低计 1 分,平均偏下计 2 分,平均计 3 分,平均偏上计 4 分,最高计 5 分。评定分型有言语型 LD 和非言语型 LD 两类。

3. 量表结构

该量表系学习障碍儿童筛查量表。一般由了解儿童的教师或心理医生填写。目的在于短时间内筛查和发现学习障碍儿童,为他们采取针对性教育措施而服务。

量表由 5 个部分的 24 个项目组成。5 个部分的内容是:A、听觉理解和记忆;B、语言;C、时间和方位判断;D、运动;E、社会行为。由了解被测儿童的教师或心理医生根据儿童的上述行为表现进行评估填写,要求教师至少与被测儿童相处一个月以上,本表不宜由家长填写。

4. 注意事项

(1) 为使评定客观而准确,评定前应尽可能多地了解和观察被评儿童。

(2) 被评儿童可能在某项上得高分,而在另一项上得低分。应避免"在学习项目上得高分的儿童肯定在运动项目上也会得高分"等诸如此类的主观判断。

(3) 应尽可能按顺序逐项进行评定,以免遗漏。

(4) 评定人数一定不要超过 30 名,即每一名教师评定儿童超过 30 名时应分几次进行,否则会影响评定结果的准确性。

5. 参考标准

评定标准:量表总分<65 分者,即为 LD 可疑儿童。其中言语型(A 和 B 行为区)得分<20 者为言语型 LD;非言语型(C、D 和 E 行为区)得分<40 者,为非言语型 LD。

**(二)青少年学习倦怠量表**

1. 概述

学习倦怠的概念是从工作倦怠引申而来,是一种发生于正常人身上的持续的、负性的、与学习相关的心理状态。这种状态表现为：①精力耗损、情感耗竭；②对与学习有关的活动的热忱逐渐消失，对学业持负面态度；③个体在学业方面体会不到成就感或者没有效能感。多数研究者认为学习倦怠包括身心耗竭、学业疏离和低成就感三个维度。研究发现，学习倦怠与焦虑、抑郁等症状有关。

青少年学习倦怠量表由吴艳和戴晓阳于 2007 年编制，该量表以 Maslach 工作倦怠问卷为基础，可对青少年的学习倦怠情况进行评估。评估内容涉及个体身心耗竭、对学业的态度以及学习低成就感几方面的情况。

2. 项目评定标准

青少年学习倦怠量表是一个自评量表，包括身心耗竭、学业疏离和低成就感三个维度，共 16 个条目。采用五点评分方法，即"非常符合"计 5 分，"有点符合"计 4 分，"不太确定"计 3 分，"不太符合"计 2 分，"很不符合"计 1 分。

3. 量表结构

身心耗竭分量表：包括 2、5、8、12 共四个项目，这些项目反映的是个体在学习后的感受以及由于学习而导致的耗竭、疲劳状况。

学业疏离分量表：包括 3、6、9、10、13 共 5 个项目，这些项目反映的是个体对学习的负面态度。

低成就感分量表：包括 1、4、7、11、14、15、16 共 7 个项目，这些项目反映了个体在学习方面比较低的个人成就感。

反向记分条目为 1、4、7、14、15、16 共 6 个项目。

4. 参考标准

所有 16 个条目得分之和即为该量表的总分，反映了被测者学习倦怠的总体状况。

**(三) 90 项症状清单**

1. 概述

SCL-90（Symptom Checklist 90，译为"90 项症状清单"），又名症状自评量表（Self-reporting Invrntory），在国外应用广泛，20 世纪 80 年代引入我国，随即广泛应用。由于本量表内容量大，反映症状丰富，较能准确描述病人自觉症状的特点，故可广泛应用于精神科或心理咨询门诊，作为了解就诊者或来访者心理卫生问题的一种评定工具。

2. 项目评定标准

SCL-90 共有 90 个反映常见心理症状的项目，其内容涉及感觉、思维、情绪、意

识、行为、生活习惯、人际关系、饮食睡眠等。每一项目均采用五级评分,具体说明如下:

无:自觉无该项症状(或问题),计1分。

轻度:自觉有该项症状,但对受测者并无实际影响或影响轻微,计2分。

中度:自觉有该项症状,对受测者有一定影响,计3分。

偏重:自觉有该项症状,对受测者有一定程度的影响,计4分。

严重:自觉该项症状的频度和程度都十分严重,对受测者的影响严重,计5分。

3. 因子包含项目

(1) 躯体化:包括1、4、12、27、40、42、48、49、52、53、56和58,共12项,该因子主要反映主观的躯体不适感。

(2) 强迫症状:包括3、9、10、28、38、45、46、51、55和65,共10项,反映临床上的强迫症状群。

(3) 人际关系敏感:包括6、21、34、36、37、41、61、69和73,共9项,主要指人际关系较差、不自在感和自卑感。

(4) 抑郁:包括5、14、15、20、22、26、29、30、31、32、54、71和79,共13项,反映临床上的抑郁症状群相联系的广泛概念。

(5) 焦虑:包括2、17、23、33、39、57、72、78、80和86,共10个项目,指临床上明显与焦虑相联系的精神症状及体验。

(6) 敌对:包括11、24、63、67、74和81,共6项,主要从思维、情感和行为三方面来反映病人的敌对表现。

(7) 恐怖:包括13、25、47、50、70、75和82,共7项,与传统的恐怖状态反映的内容一致。

(8) 偏执:包括8、18、43、68、76和83,共6项,主要指敌对、猜疑、关系幻想等。

(9) 精神病性:包括7、16、35、62、77、84、85、87、88和90,共10项,有幻听、幻觉、思维播散和被控制感等精神分裂样症状项目。

(10) 其他:包括19、44、59、60、64、66及89共7个项目,反映饮食和睡眠方面的问题。

4. 注意事项

评定的时间范围是"现在"或"最近一个星期"的实际感觉。

上述中的"影响"包括症状所致的痛苦和烦恼,也包括症状所造成的心理社会功能损害,"轻"、"中"、"重"的具体定义,则由自评者自己去体会,不必做硬性规定。

5. 统计指标

(1) 总分:90 个单项分之和,反映病情的严重程度。

(2) 阳性项目数:单项分≥2 的项目数,表示受测者在多少项目上有"症状"。

(3) 阴性项目数:单项分=1 的项目数,表示受测者在多少项目上无"症状"。

(4) 因子分:各个因子的平均得分,通过因子分了解受测者的症状分布特点。

(5) 阳性项目均分:(总分-阴性项目数)/阳性项目数,反映受测者自我感觉不佳的项目,其严重程度介于哪个范围。

6. 参考标准

总分超过 160 分;阳性项目数超过 43 项;任一因子分超过 2 分,以上三条标准只要符合其中一条,便可考虑筛选阳性,需进一步检查。

**(四) 焦虑自评量表(SAS)**

1. 概述

焦虑自评量表(SAS)由张(W. K. Zung)于 1971 年编制。本量表含有 20 个反映焦虑主观感受的项目,每个项目按症状出现的频度分为四级评分,其中 15 个为正向评分,5 个为反向评分。

2. 项目评定标准

对 20 个项目评定时依据的等级标准为:(1)没有或很少时间;(2)少部分时间;(3)相当多时间;(4)绝大部分或全部时间。

3. 注意事项

(1) 评定的时间范围是"现在"或"最近一个星期"的实际感觉。

(2) 评定时让自评者理解反向计分的项目,如不能理解会直接影响到统计结果。

4. 统计指标

焦虑自评量表(SAS)的统计指标为标准分,将 20 个项目的各项分数相加,即得到总粗分,然后将粗分乘以 1.25 以后取整数部分,就得到量表的标准分。

5. 参考标准

根据中国常模结果,SAS 标准分的分界值为 50 分,其中 50—59 为轻度焦虑,60—69 为中度焦虑,69 分以上为重度焦虑。

**(五) 青少年生活事件量表**

1. 概述

青少年自评生活事件量表(Adolescent Self-Rating Life Events Check List,简称

ASLEC)是在综合国内外文献的基础上,结合青少年的生理心理特点和所扮演的家庭社会角色,于1987年编制的。该量表由刘贤臣等编制,适用于对青少年尤其是中学生和大学生应激性生活事件发生频度和应激强度进行评定。

2. 项目评定标准

ASLEC为自评量表,由27项可能给青少年带来心理反应的负性生活事件构成,分为6个因子。评定期限依据研究目的而定,可为最近3个月、6个月、9个月或12个月。对每个事件的回答方式应先确定该事件在限定时间内发生与否,若未发生过仅在未发生栏目内划"√",若发生过则根据事件发生时的心理感受分为五级评定,即无影响(1)、轻度(2)、中度(3)、重度(4)或极重度(5)。

3. 因子包含项目

(1)人际关系因子:包括条目1、2、4、15、25。

(2)学习压力因子:包括条目3、9、16、18、22。

(3)受惩罚因子:包括条目17、18、19、20、21、23、24。

(4)丧失因子:包括条目12、13、14。

(5)健康适应因子:包括条目5、8、11、27。

(6)其他:包括条目6、7、23、24。

4. 统计指标

统计指标包括事件发生的频度和应激量两部分,事件未发生按无影响计,累计各事件的评分为总应激量。若进一步分析可分为6个因子进行统计。

**(六)中学生网络成瘾诊断量表**

1. 概述

13—18岁年龄段的中学生是网络成瘾的重灾区,而中学生年龄段又具有独特的心理和语言特点,但是目前诊断标准的建立以大学生为样本,较少涉及中学生。为此,玲玲、刘炳伦根据项目反应理论编制了中学生网络成瘾诊断量表。

2. 项目评定标准

中学生网络成瘾诊断量表属自评量表,包括上网渴求与耐受、戒断反应和不良后果三个维度,13个条目,二值评分:0分为"不是",1分为"是"。

3. 因子包含项目

(1)上网渴求与耐受(因子1):由条目1、2、9、10、13组成,反映个体上网渴求、冲动及耐受等问题。

（2）戒断翻译（因子2）：由条目3、4、6组成，反映个体不能上网时的情绪改变。

（3）不良后果（因子3）：由条目5、7、8、11、12组成，反映长期上网对个体学习、交往、健康等的负面影响。

4. 参考标准

13条目总分大于5分表明上网已经成瘾，分数的高低反映成瘾的严重程度。

## 【阅读资料】

### 症状自评量表（SCL - 90）

注意：以下表格中列出了有些人可能会有的问题，请仔细阅读每一条，然后根据最近一星期以内下述情况影响您的实际感觉，在5个方格中选择一格，划一个"√"。

|  | 没有 | 很轻 | 中等 | 偏重 | 严重 |
|---|---|---|---|---|---|
|  | 1 | 2 | 3 | 4 | 5 |
| 1. 头痛 | □ | □ | □ | □ | □ |
| 2. 神经过敏，心中不踏实 | □ | □ | □ | □ | □ |
| 3. 头脑中有不必要的想法或字句盘旋 | □ | □ | □ | □ | □ |
| 4. 头昏或昏倒 | □ | □ | □ | □ | □ |
| 5. 对异性的兴趣减退 | □ | □ | □ | □ | □ |
| 6. 对旁人责备求全 | □ | □ | □ | □ | □ |
| 7. 感到别人能控制您的思想 | □ | □ | □ | □ | □ |
| 8. 责怪别人制造麻烦 | □ | □ | □ | □ | □ |
| 9. 忘记性大 | □ | □ | □ | □ | □ |
| 10. 担心自己的衣饰整齐及仪态的端正 | □ | □ | □ | □ | □ |
| 11. 容易烦恼和激动 | □ | □ | □ | □ | □ |
| 12. 胸痛 | □ | □ | □ | □ | □ |
| 13. 害怕空旷的场所或街道 | □ | □ | □ | □ | □ |
| 14. 感到自己的精力下降，活动减慢 | □ | □ | □ | □ | □ |
| 15. 想结束自己的生命 | □ | □ | □ | □ | □ |
| 16. 听到旁人听不到的声音 | □ | □ | □ | □ | □ |
| 17. 发抖 | □ | □ | □ | □ | □ |
| 18. 感到大多数人都不可信任 | □ | □ | □ | □ | □ |

19. 胃口不好　　　　　　　　　　　　　　□ □ □ □ □

20. 容易哭泣　　　　　　　　　　　　　　□ □ □ □ □

21. 同异性相处时感觉害羞不自在　　　　　□ □ □ □ □

22. 感到受骗、中了圈套或有人想抓住您　　□ □ □ □ □

23. 无缘无故地突然感到害怕　　　　　　　□ □ □ □ □

24. 自己不能控制地大发脾气　　　　　　　□ □ □ □ □

25. 怕单独出门　　　　　　　　　　　　　□ □ □ □ □

26. 经常责怪自己　　　　　　　　　　　　□ □ □ □ □

27. 腰痛　　　　　　　　　　　　　　　　□ □ □ □ □

28. 感到难以完成任务　　　　　　　　　　□ □ □ □ □

29. 感到孤独　　　　　　　　　　　　　　□ □ □ □ □

30. 感到苦闷　　　　　　　　　　　　　　□ □ □ □ □

31. 过分担忧　　　　　　　　　　　　　　□ □ □ □ □

32. 对事物不感兴趣　　　　　　　　　　　□ □ □ □ □

33. 感到害怕　　　　　　　　　　　　　　□ □ □ □ □

34. 我的感情容易受到伤害　　　　　　　　□ □ □ □ □

35. 旁人能知道您的想法　　　　　　　　　□ □ □ □ □

36. 感到别人不理解　　　　　　　　　　　□ □ □ □ □

37. 感到人们对您不友好,不喜欢您　　　　□ □ □ □ □

38. 做事必须做得很慢以保证做得正确　　　□ □ □ □ □

39. 心跳得很厉害　　　　　　　　　　　　□ □ □ □ □

40. 恶心或胃部不舒服　　　　　　　　　　□ □ □ □ □

41. 感到比不上他人　　　　　　　　　　　□ □ □ □ □

42. 肌肉酸痛　　　　　　　　　　　　　　□ □ □ □ □

43. 感到有人在监视您,谈论您　　　　　　□ □ □ □ □

44. 难以入睡　　　　　　　　　　　　　　□ □ □ □ □

45. 做事必须反复检查　　　　　　　　　　□ □ □ □ □

46. 难以作出决定　　　　　　　　　　　　□ □ □ □ □

47. 怕乘电车、公共汽车、地铁或火车　　　□ □ □ □ □

48. 呼吸有困难　　　　　　　　　　　　　□ □ □ □ □

49. 一阵阵发冷或发热　　　　　　　　　　□ □ □ □ □

50. 因为感到害怕而避开某些东西、场合或活动　□ □ □ □ □

51. 脑子变空了 ☐ ☐ ☐ ☐ ☐

52. 身体发麻或刺痛 ☐ ☐ ☐ ☐ ☐

53. 喉咙有梗塞感 ☐ ☐ ☐ ☐ ☐

54. 感到前途没有希望 ☐ ☐ ☐ ☐ ☐

55. 不能集中注意 ☐ ☐ ☐ ☐ ☐

56. 感到身体的某一部分软弱无力 ☐ ☐ ☐ ☐ ☐

57. 感到紧张或容易紧张 ☐ ☐ ☐ ☐ ☐

58. 感到手或脚发重 ☐ ☐ ☐ ☐ ☐

59. 想到死亡的事 ☐ ☐ ☐ ☐ ☐

60. 吃得太多 ☐ ☐ ☐ ☐ ☐

61. 当别人看着您或谈论您时感到不自在 ☐ ☐ ☐ ☐ ☐

62. 有一些不属于您自己的想法 ☐ ☐ ☐ ☐ ☐

63. 有想打人或伤害他人的冲动 ☐ ☐ ☐ ☐ ☐

64. 醒得太早 ☐ ☐ ☐ ☐ ☐

65. 必须反复洗手,点数目或触摸某些东西 ☐ ☐ ☐ ☐ ☐

66. 睡得不稳不深 ☐ ☐ ☐ ☐ ☐

67. 有想摔坏或破坏东西的冲动 ☐ ☐ ☐ ☐ ☐

68. 有一些别人没有的想法或念头 ☐ ☐ ☐ ☐ ☐

69. 感到对别人神经过敏 ☐ ☐ ☐ ☐ ☐

70. 在商店或电影院等人多的地方感到不自在 ☐ ☐ ☐ ☐ ☐

71. 感到任何事情都很困难 ☐ ☐ ☐ ☐ ☐

72. 一阵阵恐惧或惊恐 ☐ ☐ ☐ ☐ ☐

73. 感到在公共场合吃东西很不舒服 ☐ ☐ ☐ ☐ ☐

74. 经常与人争论 ☐ ☐ ☐ ☐ ☐

75. 单独一人时神经很紧张 ☐ ☐ ☐ ☐ ☐

76. 别人对您的成绩没有作出恰当的评价 ☐ ☐ ☐ ☐ ☐

77. 即使和别人在一起也感到孤单 ☐ ☐ ☐ ☐ ☐

78. 感到坐立不安心神不定 ☐ ☐ ☐ ☐ ☐

79. 感到自己没有什么价值 ☐ ☐ ☐ ☐ ☐

80. 感到熟悉的东西变成陌生或不像是真的 ☐ ☐ ☐ ☐ ☐

81. 大叫或摔东西 ☐ ☐ ☐ ☐ ☐

82. 害怕会在公共场合昏倒 ☐ ☐ ☐ ☐ ☐

| | | | | | |
|---|---|---|---|---|---|
| 83. 感到别人想占您的便宜 | ☐ | ☐ | ☐ | ☐ | ☐ |
| 84. 为一些有关"性"的想法而很苦恼 | ☐ | ☐ | ☐ | ☐ | ☐ |
| 85. 您认为应该为自己的过错而受到惩罚 | ☐ | ☐ | ☐ | ☐ | ☐ |
| 86. 感到要赶快把事情做完 | ☐ | ☐ | ☐ | ☐ | ☐ |
| 87. 感到自己的身体有严重问题 | ☐ | ☐ | ☐ | ☐ | ☐ |
| 88. 从未感到和其他人很亲近 | ☐ | ☐ | ☐ | ☐ | ☐ |
| 89. 感到自己有罪 | ☐ | ☐ | ☐ | ☐ | ☐ |
| 90. 感到自己的脑子有毛病 | ☐ | ☐ | ☐ | ☐ | ☐ |

（资料来源：戴晓明.常用心理评估量表手册[M].北京：人民军医出版社，2013年.）

## 本章小结

1. 心理健康是指个体在环境中能保持一种良好的心理效能状态，并在与不断变化的外界环境的相互作用中，能不断调整自己的内部心理结构，达到与环境的平衡与协调，并在其中逐渐提高心理发展水平，完善人格特质。

2. 心理健康状态有不同等级。对心理健康的理解受到文化因素的影响。根据中外心理健康专家们的研究，可将心理健康水平分为三个等级：一般常态心理、轻度失调心理、严重病态心理。

3. 心理正常和异常的判断标准分为三项：第一，主观世界与客观世界的统一性原则。第二，心理活动的内在一致性原则。第三，人格的相对稳定性原则。

4. 综合国内外标准得出心理健康的标准为：具有正常的智力水平；具有正确的自我认识及对周围环境的认识；具有稳定乐观的情绪；具有坚强的意志力和自控能力；具有适度的行为反应；具有与他人建立关系的能力；心理特点符合年龄特征。

5. 影响中学生心理健康的因素，包括生物学因素、学生自身因素以及家庭因素、学校因素、社会因素等。影响中学生心理健康的生物学因素有遗传因素、母孕期及分娩因素、生长发育及营养因素和其他生物学因素等；自身因素包括青春期的心理冲突、个性结构的完整性、自我意识等；家庭因素包括家庭环境因素、家庭教养态度、家长的教育方法、家庭结构、家庭成员的相互关系等；学校因素包括不良的校风、班风与学风和师源性心理伤害等；社会因素包括文化背景、社会环境、社会经济地位、风俗习惯等。

6. 心理评估的方法包括心理测验法、观察法、会谈法以及简易临床诊断方法。

## 思考与讨论

1. 什么是现代健康观？它包括哪几个部分？
2. 心理健康的含义是什么？你如何理解心理健康？
3. 心理健康被划分为哪几个等级？各有什么特点？
4. 如何正确地看待心理健康标准？
5. 我国中学生心理健康的标准是什么？
6. 结合实际阐述影响中学生心理健康的因素有哪些方面。
7. 常见的心理评估方法有哪些？

# 第四章　中学生心理辅导的理论

【学习目标】

1. 了解几种心理咨询理论的基本观点。

2. 掌握几种理论的心理辅导机制。

3. 透过理论的视角增强理解人的能力。

心理学自成为一门独立的学科以来，在理论上的贡献是丰富的，诸多理论从不同的侧面对人的心理进行了描述。本章将介绍从现代到当代心理学领域中具有重要影响的四个理论流派——行为主义、人本主义、理性—情绪理论和社会建构论。每一种理论都为我们提供了一种理解人的不同视角。学习这些理论对于我们进行心理辅导并掌握由理论发展而来的技术具有奠基意义。

## 第一节　行为主义理论

20 世纪第二个 10 年到 50 年代是行为主义统治心理学的时期。这一时期的心理学家致力于通过实验研究说明我们行为形成的机制，并据此提供矫正不良行为的方法和策略。在近半个世纪的历史中，行为主义经历了理论的动态发展，主要表现为早期的经典条件反射行为主义、中期的操作性条件反射行为主义和后期的有关观察学习的认知行为主义三个阶段，每一个阶段都留下了影响广泛的实验研究和相应理论。

## 一、经典条件反射的两个实验及其原理

### (一) 巴甫洛夫的响铃实验

作为生理学家的巴甫洛夫在研究唾液的机能实验中发现了"心理性"反射,并决定于 1902 年致力于这一现象的研究。巴甫洛夫设计了很多关于条件反射的精密实验,也因其成果获得了 1904 年的诺贝尔奖。他的这些实验最后被广为知晓的是这样一个实验过程:

在实验室中,每次给狗喂食物时都摇一下铃,狗看到食物就会流口水,然后进食。多次之后,只摇铃不给食物,狗听到铃声也会流口水。在这一过程中,食物刺激引起狗的唾液分泌反应属于先天的本能,是无条件反射。而铃声(中性刺激)原本不会引起任何反应,但因为经常与食物相伴随便具有了信号的意义,从而使狗对其也作出了流口水的反应。这里食物称为无条件刺激,铃声称为条件刺激,铃声导致流口水的反应过程称为条件反射。

或许巴甫洛夫在做这一系列的实验时不曾想到,他的条件反射概念对一门新兴学科所产生的影响将会多么地巨大而深远,但这就是事实。

### (二) 华生的小阿尔伯特实验

华生是行为主义的创始人,提出了心理学应研究行为而不是意识,绝大多数行为是有机体后天经由条件反射机制形成的观点。

在 1919 年到 1920 年间,华生做了心理学史上著名的小阿尔伯特恐惧习得实验。实验刚开始的时候小阿尔伯特只有 9 个月大,实验者把一只小白鼠放在他面前,他非但不害怕,还会用手去触碰。9 个月大的阿尔伯特只对一件事物感到恐惧,就是当在他身后敲击金属器物而引发巨大的声音时,小阿尔伯特会猛地被吓一跳,恐惧地寻求保护。间隔两个月之后(不至于使婴儿刺激过度),把小白鼠放在阿尔伯特面前,当他用手去抓小白鼠时,巨大的金属敲击声同时响起,小阿尔伯特被吓得向前扑倒大哭起来。然后是第二次、第三次,每当孩子看到小白鼠,巨大的声音就会响起。直到第六次,小阿尔伯特已经对小白鼠恐惧至极。即使没有金属敲击声,只要小白鼠一出现,他便立刻开始哭泣然后侧身向相反的方向爬去,得用好大的劲才能拖住他。

而且,小阿尔伯特的恐惧还泛化到了其他有白毛的东西上,使他对兔子、狗、貂皮衣服,甚至是圣诞老人的白胡子都害怕极了。从某种程度讲,小阿尔伯特已经患上了

严重的恐惧症。作为心理学的实验被试,他不能被弃之不顾,实验者有责任消除这种不适当的变态的恐惧。那么如何才能消除呢?理论上,既然条件反射是后天通过条件刺激与无条件刺激的相伴联结形成的,那么,可以通过多次省去条件刺激而消除条件反射。如巴甫洛夫的狗,如果多次只摇铃而不给食物,慢慢地狗再听到铃声时就不会流口水了。但是,小阿尔伯特的情况不是这么简单,因为形成与情绪有关的条件反射是非常固执的,消除这种心理问题和障碍的过程也复杂得多。与此有关的行为主义疗法是系统脱敏疗法、厌恶疗法和满贯疗法。这些治疗技术将会在后续章节中予以介绍。

## 二、操作性条件反射的两个实验及其原理

### (一)桑代克的尝试错误的猫

桑代克并非行为主义者,他是早期美国机能心理学的代表人物,因其对动物进行实验研究,并且其实验过程对行为主义者斯金纳的实验构想具有很大的启发作用,因此,桑代克被称为是行为主义的先驱,他于1898年设计的实验令人印象深刻。

一只饥饿的猫被关在特制的笼子里,笼子的门需要从内部进行两次操作才能打开。首先,要把横向木栓拨顺,然后再从里面拽一根绳子打开门上面的插栓,门就向外倒开。笼子外面是一盘鱼,最初猫在笼子里着急地看着外面的食物,尝试做各种努力,用爪子够,用头撞,甚至会很暴躁,但都无法吃到食物。偶然它用爪子够向外面将横向门栓拨顺了,之后又偶然地咬住了绳子打开了门。如此多次"尝试"之后,猫就能够从容地先拨顺第一道门栓,再拉动绳子打开第二道门栓,然后走出笼子进食。

这一过程被桑代克解释为,有机体通过尝试错误偶然地解决了问题,得到了好处,由此可以建立情境和行为反应的联结,他的这一原理被称为试误说。

### (二)斯金纳的压杠杆的小白鼠

美国心理学家斯金纳是新行为主义的代表人物,他设计了一个30 cm见方的箱子,后被称为斯金纳箱。箱子里有一个杠杆和一个与食物储存器相连的盘子,如果触动杠杆就会使一粒食丸从储存器滚入盘子,同时记录器会记下这次按压杠杆的行为。实验的过程是:把一只饥饿的小白鼠放进斯金纳箱,小白鼠就在箱子里到处探索寻觅,偶然地碰到杠杆,一粒食丸进入。小白鼠进食后继续活动,于是偶然地第二次、第三次获得食物。若干次之后,小白鼠就在按压杠杆的行为和获得食物之间建立起联结,学

会了主动地按杠杆来获得食物。斯金纳箱可用作动物的自动喂食机。

这一实验过程所隐含的行为学习原理是:行为的结果(获得食物)强化了众多探索行为(也是无心行为)中的一个,即触碰杠杆,使有机体学会了这一行为或者说一直保持这一行为,而其他无关行为则一直处于弱化状态。有机体的无心行为因其带来想要的结果而被强化从而建立的联结称为操作性条件反射。

在对待心理问题上,斯金纳不关注内在的心理状态,而是聚焦行为。根据操作性条件反射原理,斯金纳认为,问题行为的产生是由于该行为能够带给个体想要的结果。例如,儿童通过哭闹获得喜爱的玩具或达成愿望,要想消除问题行为就要撤除这一行为所带来的结果。因此,不论处于何种情境,家长都不要满足正在哭闹儿童的需要,否则这种行为就会愈演愈烈。对于斯金纳箱里的小白鼠,当食物储存器里没有了食丸,小白鼠多次尝试按杠杆都没有食物,它的这一行为就会减少直至消失。习得行为的消失不是一蹴而就的,有时会发生自然恢复现象。因此,问题行为的矫治也可能是一个反复的过程。斯金纳的操作性条件反射还更多地被运用于期望行为的塑造,在心理咨询和治疗领域的代币制疗法即是一种塑造行为的行之有效的方法。

【阅读资料】

## 鸽子的迷信

这是斯金纳又一个兼具趣味性和深意的实验。

被试是8只鸽子。首先连续几天喂这些鸽子少于它们正常进食量的食物,以便在测试时它们处于饥饿状态,由此增强寻找食物的动机且增加强化的效果。然后,把鸽子放进斯金纳箱。箱子里有食物分发器,而且食物分发器被设定为每隔15秒便自动放出食物,也就是说,不管鸽子做了什么,每隔15秒它都将获得一份食物。让每只鸽子每天都在实验箱里待几分钟,对其行为也不作任何限制,但会由两个独立的观测者(避免人为主观误差)来观测记录鸽子的行为表现,尤其是两次食物放出期间的行为表现。

斯金纳归纳分析了这些记录。他发现,鸽子们在食物发出之前的时间里,出现了一些古怪的行为,并由于食物的出现而被固着下来。有的鸽子在箱子中逆时针转圈,有的鸽子反复地将头撞向箱子上方的一个角落,还有的鸽子的头和身体呈现出一种钟摆似的动作,它们头部前伸,并且从右到左大幅度地摇摆。鸽子们表现这些行为似乎是认为这样才会产生食物。也就是说,它们变得迷信了,迷信这些动作会给它们带来食物。

随后,斯金纳选了那只摇头的鸽子继续实验。他把两次投放食物的时间间隔慢慢拉长到 1 分钟。这时,他发现,鸽子表现得更加精力充沛。在两次强化间的 1 分钟内,这只鸽子竟像是在表演一种舞蹈,他称之为"鸽子食物舞",那是一种典型的迷信行为。

最后,实验要消除鸽子的这种迷信行为。这意味着测试箱中不再出现食物,即消除强化。这样,迷信行为就会逐渐消退,直至完全消失。然而,让人惊奇的是,这只"跳舞"的鸽子在迷信完全消退前的这种反应次数竟超过了 1 万次。

斯金纳由此认为,这一实验证明了一种迷信。鸽子行为的依据是行为和食物间的因果联系,虽然这种联系实际上并不存在。斯金纳这个研究成果没有引起多大的争议,并慢慢成为迷信心理方面的一个经典研究。或许有人会认为,用鸽子来做被试是欠妥当的,那么,心理学家布鲁纳和列维斯基设计的一个实验就弥补了这方面的不足,他们用人来做被试的一个实验同样证明了人类是多么地容易形成迷信行为。

（资料来源：罗杰·霍克.改变心理学的 40 项研究[M].北京：人民邮电出版社,2010 年.）

## 三、班杜拉的观察学习实验及其原理

经典条件反射和操作性条件反射能够说明我们的一部分行为是如何形成的。但是,人是实验室里流着口水的狗或沉浸于压杠杆的小白鼠吗?只要我们把思考的对象投向人——有思想、有理性的人的时候,就不会满足于这种简单的描述。人的行为的获得不只是被动地接受条件反射连接和尝试错误的结果,试想一下你学习开车的过程就可以轻易证伪两种原理在人类身上的效应。

班杜拉提出了观察学习的概念,与当时认知流派的兴起相适应。但他仍关注学习和行为,因此仍属于行为主义学派的理论框架之中。观察学习改变了传统行为主义者眼中人和动物都是刺激反应机器的形象,认为人具有认知和自我调节的能力,人的学习是一个主动模仿的过程。还是来看看他的经典实验吧:

1965 年,班杜拉对 66 名 4 岁左右的幼儿园儿童进行了实验。首先,全体儿童一起观看一段影片。影片中一个成人榜样对一个充气娃娃用棍棒打,拳打脚踢,嘴里还不停地咒骂。看完影片后随机将儿童分成三组观看榜样的不同下场。第一组看到榜样没有任何事情发生;第二组看到有人将巧克力和饮料颁发给榜样,并宣称其是"强壮的冠军";第三组看到有人严厉而威吓地摇着手指说:"嘿,你这恶棍,赶快停止!我不允许你这样做。"成人榜样在后退时跌了一跤，另一名成人坐在他身上，用卷起的杂志打他的屁股，并提醒他所作的攻击行为是不好的。当榜样畏缩逃跑时，对方警告他："你这大坏蛋，下次再让我看到你这样，我会好好打你一顿。你最好别再这样做了。"之后让三组儿童在三个放有很多玩具(也包括有充气娃娃)的房间里自由活动。

结果发现，第二组儿童(即看到"榜样"攻击性行为受到奖励的一组儿童)对玩具和充气娃娃的攻击行为最多。第三组儿童(即看到"榜样"的攻击性行为受惩罚的一组儿童)的攻击性行为要显著少于第一组儿童。班杜拉用替代强化来解释这一现象：观察者因看到别人(榜样)的行为受到奖励，他本人间接引起相应行为的增强；观察者看到别人的行为受到惩罚，则会产生替代性惩罚的作用。

过一段时间，试验者进入游戏室，对儿童作出的每一次攻击行为给予糖果、饮料、贴纸等奖励。结果发现，全部儿童都表现出了攻击行为。

实验的结果说明，行为的习得发生在观察(看影片)的过程中，儿童仅仅通过看或观察就学会了攻击行为，但是否表现攻击行为取决于他们对结果的预期。观察学习的机制是替代强化。即观察者看到榜样受到强化后，自身也会受到强化。替代强化会影响习得行为是否表现出来，但不影响行为的学习。

所以父母或教师应该慎重使用体罚。班杜拉认为，体罚不但不能去除不良行为，还会教会儿童使用暴力，父母和教师应通过言传身教为儿童树立良好的榜样。

行为主义的原理可以概括为：行为是习得的，全部行为主义都要说明行为习得的机制；通过学习获得的行为也可通过学习加以消除。

# 第二节　人本主义理论

人类一直在努力尝试了解、预测和控制自己的行为，在这方面行为主义的贡献无疑是巨大的。但是，如果你把人当成是仅通过食物强化就可以去做任何事的动物，那就大错特错了。在行为主义的理论框架下，你很难理解那些不求回报的义举、力求改变现状的努力和"活着，只为改变世界"的乔布斯。当时，人们对于行为主义对人的描述已经普遍感到不满，迫切希望心理学能够重塑人的形象。20世纪50年代后期兴起的人本主义心理学被视为一股"清新的空气"和应该被"输入""体弱多病"的实验心理学之躯的健康"血液"。

1955年，在美国芝加哥召开的心理学年会上举行了一场特殊的辩论，辩论双方分别是行为主义者斯金纳和人本主义者罗杰斯。斯金纳认为，人的行为是被控制的；罗杰斯则认为，人是能够进行主动选择的，人具有创造力和自我实现的趋势，他建议把行为科学中提出来的各种原理应用到创造各种能释放和促进人类内在力量的条件上，而不是用于从外部控制人类的行为。

## 一、人本主义视野中人的形象

人类的尊严受到过三次重大的打击。第一次来自哥白尼，他宣称地球不是宇宙的中心，甚至不是太阳系的中心。这个事实很难被当时的人们所接受，因为它与人们的自我中心观念相抵触。第二次打击来自于达尔文的进化论，达尔文指出人类不是上帝的特殊创造物，而是从低等动物不断进化而来的。可想而知，在19世纪，进化论思想引起了轩然大波，人们无论如何都不能接受自己与猴子有着共同的祖先。当达尔文的思想引起的震荡开始停息下来，人们内心还存在着一丝安慰：相信人是有理性的动物。虽然人是从低等动物进化而来的，但在进化的过程中，人类依赖自己的智慧与低等动物划清了界限。动物是受本能所驱使的，只有人才是受理性支配的。然而，这最后一点安慰和信念却在弗洛伊德的第三次打击下荡然无存。弗洛伊德指出"人并不是什么有理性的动物，人的行为主要是由无意识中的本能冲动所驱使。"

人本主义之前的心理学，要么将人看成是受欲望支配的本能动物，要么将人看成是与小白鼠一样的受环境支配的低等动物。人本主义则从根本上转变了人的形象，凸显了人与动物的差异，重塑了人的尊严与价值。

**人要对自己负责任。**没有人会供养你一辈子，别人并不亏欠你。别人可能会影响你、引诱你，甚至误导你，但最终的选择权在你自己手中。别人没有责任替你承担后果，你要为自己的选择负责任，认真和慎重是必不可少的，接受和承担更是一种态度和能力。人本主义心理学家把人看作是自己生活的主动构建者，可以自由地改变自己，人本主义心理治疗的主要目标，就是使患者认识到他们有能力做他们想做的任何事情。

**活在当下。**昨天已经成为过去，明天还未到来，唯有今天是我们可以把握和珍惜的。很多时候人们要么纠结于过去，为过去的痛苦和烦恼所累，要么急切地盼望未来，梦想改变现状。小的时候盼望长大，上学时渴望工作赚钱，单身时期待恋爱，恋爱时又向往结婚,婚后渴望自由……在这种不断追逐中,光阴渐渐逝去,我们却总是处于不满之中。人本主义倡导人们注重此时此地,珍惜现在、享受此刻、活在当下,充分地享受生活。

**成长中的人。**所有有机体都想保存、提高和再造它们自己。对于人而言,人有一种与生俱来的积极向上的成长趋势,驱使人越来越完满地发展。成年人也在不断地成长,追求自我价值的实现。人本主义心理学创建者认为,做人,在生而为人的意义上做人,同时也必须在成长为人的意义上进行界定。在这个意义上,一个婴儿只不过是一个潜在的人,必须在社会、文化、家庭中成长为人。而具有心理问题的人的这种成长的力量则被掩蔽了,需要咨询师帮助其重新寻找和恢复这种倾向。

**主观现象世界中的人。**一个人为什么欢愉快乐,为什么痛苦悲伤,只有了解了他的全部需要、经历、认知、生活状态、所处环境才能理解,即进入他的现象世界。所以人本主义心理学家反对用一些客观的、不变的指标去衡量和评估来访者,因为这就好比是从看台上外在地观察来访者,而很难真正理解并体悟到来访者的所思、所想、所感。因此,人本主义者提出了设身处地地理解来访者等独特的咨询方法。

总之,人本主义以一种乐观主义的视角看待人,主张人性本善,至少是中性的。人类未来发展的潜在倾向是积极的。爱是一种"泛人类的潜能"。没有绝对的恶人,人之所以会作出坏事,是因为他心中的善的力量被蒙蔽,只要能够唤醒他心中的爱,就会使他成为健康的人。人的独特本能是善良性、道德性、建设性、积极性、向上性和可信赖性。人有成长和实现自我价值两种倾向,决定着人具有一种积极、向上、前进、发展的良性驱力,驱使个体朝着更复杂、更富独立性、创造性和社会责任感的方向发展。

## 二、成为你自己——马斯洛的自我实现理论

### (一) 人类的两大需要

美国人本主义心理学家马斯洛将人的需要分为两大类,即基本需要和成长需要。

基本需要是指个体不可缺少的普遍的生理和社会需求。人的生理需要、安全需要、归属与爱的需要、尊重需要均属于基本需要。基本需要因缺乏而产生,个体主观上体验到某种缺失感,会导致焦虑、紧张,甚至疾病、死亡。这种需要的满足不能靠个体自身自然而然地自我补给,必须从外部环境获得或由他人从外部提供满足的条

件。人类的基本需要是人类保持自身存在的基本条件，也是参与现实生活的必备条件。

成长需要是指由个体自身的健康成长和自我实现趋向所激励的需要，包括认知需要、审美需要和自我实现需要。基本需要往往带来负性情绪体验，如饥饿口渴时人会难受，得不到尊重时人会气愤。成长需要则带来积极的心态，人会兴致勃勃地去从事认识活动、美的欣赏和创作。基本需要的满足带来简单的快乐，而成长需要的满足则带来高级的愉悦和价值感。基本需要通常是以自我为中心的，成长的需要则会让人进入一种投入的、忘我的、痴迷的境界。成长的需要正是人本主义用以确立人的积极乐观本性的重要指标。

### （二）自我实现

自我实现是马斯洛提出的人的七种需要中最高层次的需要。在不断的认识自我的过程中，每个人都应该尽力去使个人的潜能、智能和天资达到最大化，充分体现自我的意义和价值，这就是自我实现。所以，一个人应该力求变成他能变成的样子，即"成为你自己"。作曲家必须作曲，画家必须绘画，诗人必须写诗，否则他始终无法安静。一个人能够成为什么，他就必须成为什么，他必须忠实于他自己的本性。

自我实现处于需要层次的顶端，是所有需要中最嫩弱的，因而很容易受到阻抑。马斯洛说，人的这种内在本性，不像动物的本能那样，是强的、占压倒优势的和清楚明白的，它是弱的、娇嫩的和微妙的，而且容易被习惯、文化压抑并为它的错误态度所压制。人群中只有百分之一的人能够达到自我实现的状态，他们能充分施展自己的才能，全力以赴地出色工作，诸如科学家爱因斯坦、经济学家亚当斯、哲学家心理学家詹姆斯、生物学家赫胥黎、哲学家斯宾诺莎、文化人类学家本尼迪克特都属于自我实现的人。自我实现者具有一些共同的人格特征：

**准确和充分地认知现实。**通常普通人容易受自己的主观需要、欲望或防御机制的影响歪曲现实。而自我实现者对外界的观察很客观，他会按着事物的本来面目去认知世界，因此也能有效地预见未来。

**悦纳自己、他人和周围世界。**自我实现者承认并接受一切事物均有正负两个方面，故他们认为没有必要否定任何人或事物的消极方面，具有较大的宽容度。他们知道自己的长处，也承认自己的不足，不护短，不遮掩，能容忍他人的缺点，承认这是人性的自然。

**自然地表达自己的情绪和思想。**自我实现者坦率、自然，倾向于真实地表现自己的感情,他们感到什么,就说什么和做什么。他们不矫揉造作,也不落社会俗套,按着自己的本性行动。他们既有足够的自信心和安全感,又不放纵自己和伤害别人。

**为工作而生活,而不是为生活而工作。**自我实现者均有其热衷的事业,对工作具有高度的使命感和强烈的工作责任心,能从工作中获得快乐、满足感、存在感,工作对他们而言是最高的享受,而不仅仅是一种谋生的手段。

**具有独立的性格。**自我实现者具有独处与独立的强烈需要。他们不怕与人接触,但不依赖他人。他们能够自己拿主意,做决断,按照自己的意愿行事。他们超然于世,不愿交往,沉默寡言,平静安详。

**超越一切自然的、社会的、文化的有形束缚。**自我实现者不受低层需要的外部满足所局限,而是由高层需要的存在动机的内在激发,他们不是受环境的牵制,而是主动地进行学习和创造,因此较少地依赖外部世界。他们能够自我指引、自我管理、自我负责。

**清新隽永的鉴赏力。**自我实现者能以敬畏、惊奇和愉悦的心情体验和鉴赏一生中所遇到的各种事件。每一个婴儿,每一次黄昏,都像第一次见到时那么美妙,那么动人心弦;年过花甲的老夫妻,还如同初恋时那样甜蜜。自我实现者会从以往的生活经验中得到巨大鼓舞,并对未来心驰神往。

**真切的社会感情。**自我实现者对所有的人都有强烈的认同感和慈爱心。他们所关心的不仅限于自己的朋友和亲戚,还包括全世界各种不同文化氛围的人。他们具有一种"天下兴亡,匹夫有责"的强烈意向,对全人类都表现出怜悯、同情和真切之爱。

**深厚的人际关系。**自我实现者对他人具有更强烈的爱、深厚的友谊和更良好的人际关系。他们倾向于寻找其他自我实现者作为亲密的朋友,这种朋友在数量上虽然不多,但在感情上却深厚充实。他们的爱情以高尚的存在爱取代单纯需要的缺失爱,存在爱是关心别人但不依赖别人的一种自然、纯真、无私、无妒的爱。

**对现有文化具有批判精神。**自我实现者不被动地受现存不完美社会文化类型的束缚和限制。他们在一般生活习惯上并不一定是反对常规的人,但如果一种文化规范与他们的价值观相反,他们决不会消极顺应而会奋起抵制。

根据马斯洛的观点,只有自我实现的人才是真正健康的人,因为他们是真实的自我。而我们所处的时代和社会环境让很多人压抑隐藏了真实的自我,心理咨询的目的是让人重新认识自己,并恢复自我实现的倾向。

## 三、个体现象学——罗杰斯的以个人为中心理论

罗杰斯是美国人本主义心理学的主要创建者之一,他从心理咨询的实践中总结并倡导非指导式咨询和个人中心疗法,后又扩展为个人中心理论。该理论被广泛地应用于医疗、教育、管理、商业、司法等诸多社会生活领域以及国际关系当中,罗杰斯也因此成为人本主义心理学最有影响的代表人物之一。

### (一)个体现象学

很多人都有过这样的感受,你和几个同学或朋友一起参加某个活动,可能是一次聚会,也可能是去听讲座,还有可能是参观博物馆。回来后大家各自发表自己的看法,说说自己在这一过程中的见闻、感受和体会。结果可想而知,每个人都会有与别人不同的谈话内容。生活中还会发生人们对同一事物存在不同意见甚至分歧的情况,"公说公有理,婆说婆有理"。这实际上涉及一个重要的哲学问题:人类的认识和思维活动是客观的吗?

在罗杰斯看来,与其说个人生活在一个客观的环境里,不如说他生活在自己所能够感受到的主观经验世界之中,后者被罗杰斯称为个人的现象场。每个人都以独特的方式知觉世界,因此,每个人的现象场也是不同的。这个主观的现象世界而不是客观的物理世界才是决定个人的行为、思想、感情等的真正现实。如果你想了解一个人,就要尽可能多地掌握他的全部资料,才能真正了解他的内心世界。

自我是个人的现象场中具有核心意义的内容,指的是个体通过对自己的认知而形成的"我"的观念,其中又包含现实自我和理想自我。罗杰斯认为,一个人的现实自我与理想自我越接近,他就越感到幸福与满足,这是人格健康发展的标志之一。相反的,现实自我与理想自我差距很大,就会感到不愉快和不满足,甚至造成人格障碍或心理疾病。

个体现象学是罗杰斯人本主义思想的重要内容,同时也是他开创的个人中心疗法的理论基础。

### (二)个人中心疗法的理论内涵

个人中心疗法,又称来访者中心疗法,在心理辅导中又可称为个人中心辅导方法。其基本假设是:人具有完善机能和自我实现的倾向,如果给来访者提供一种最佳的心理环境或心理氛围,他们就会动员自身的大量资源去进行自我理解,改变他们对自我和对他人的看法,产生自我指导的行为,并最终达到心理健康的水平。个人中心疗法

是促进和协助来访者依靠自己的能力解决问题的方法。

在罗杰斯看来,只有个人自己才能真正完善地了解自己的经验世界,来访者是自己问题的专家,他有能力找到解决自己问题的办法。所以,在心理咨询和心理辅导的过程中,罗杰斯提倡咨询师或辅导者不要以权威和领导者的身份居高临下地审视、评判、教育、指导来访者,而应以来访者为中心,坚持来访者在咨询和辅导中的主体地位与决定作用。咨询师或辅导者与来访者之间是朋友和伙伴的关系,通过询问、商议、帮助等方式,让来访者自由地体验情感、探索自我。在咨询和辅导过程中,充分表达尊重、关怀、共情、宽容、理解、鼓励和支持,要做到不解释,不指引,不重过去,不下诊断,动员来访者自我理解、自我指导和自我治疗。整个咨询和辅导的过程非常符合中国的道家思想,即无为而治。

罗杰斯认为,心理咨询或心理辅导的目标是人格的成长,表现为个体的内在冲突减少,自尊心增强,自我整合能力提高,能妥善处理生活中的问题和改善关系,对生活的满意度也随之提高,现实自我与理想自我之间的距离得以缩小。

# 第三节　理性—情绪理论

你是否曾经因为考试失利而沮丧过?是否因为朋友的欺骗而愤怒过?是否因为失恋而悲痛过?是否因遭遇挫折而抑郁过?从表面上看,我们感受到的种种情绪皆因生活中的事件所引发,由于遇到了令人沮丧、愤怒、悲痛、抑郁的事,所以我们才沮丧、愤怒、悲痛、抑郁。有时这些情绪可能会非常强烈,使人陷入其中不能自拔,影响正常的学习、工作和生活。在这种情况下,人们往往感到情绪无法控制,越是想要逃避,就越是被牢牢地牵绊住。而失利、欺骗、挫折、打击是生活中不可避免的事件,没有人总是成功,一切顺利。难道说面对情绪的困扰,人们只能束手无策、坐以待毙吗?心理学家阿尔伯特·埃利斯的理性—情绪理论给了我们调节自己情绪的希望。埃利斯认为,引起人们情绪失调的并不是事物本身,而是他们对事物的看法,这一观点成为心理咨询和心理辅导中理性情绪疗法的理论基础。

## 一、理性—情绪理论的人性观

与人本主义相同的是,埃利斯也认为人有趋向于成长和自我实现的内在倾向,不同的是,埃利斯还认为人天生就有一种发展非理性的、不利于生存发展的生活态度的倾向,这后一种倾向是埃利斯着重强调的。他说,在许多时候,人类天生就倾向于进行畸形的思维,倾向于自毁前程,倾向于易受暗示;倾向于无端的焦虑不安和生气,并且持续不断地让焦虑和敌意侵害自己。不管教育程度如何,不管在什么样的社会环境中长大,"人类天生就有一种异常强大的倾向,要求并坚持他们生活中的一切都得尽善尽美,一旦他们未能立刻得到想要的东西,就狠狠地谴责自己、他人及这个世界"。

埃利斯对人的本性的看法可以归结为:

1. 人既是理性的、合理的,也是无理性的、不合理的。

2. 情绪是伴随着人们的思维而产生的,当人们按照理性去思维、去行动时,他们就会是愉快的、富有竞争精神以及卓有成效的人。情绪上或心理上的困扰是由于不合理的、不合逻辑的思维所造成的。

3. 任何人都不可避免地具有或多或少的不合理思维与信念,人们常常因为扭曲思考的天生倾向,以及学来的自我挫败模式,而妨害自我成长。

4. 思维借助语言而进行,不断地用内化语言重复某种不合理的信念就会导致无法排解的情绪困扰。比如"忘了吧,忘了吧……","让那么多人看我笑话,我真蠢,我真蠢……"人们在很多时候都会在心里重复一些错误的观念,这些观念会导致恶性的情绪循环。

5. 人有能力改变自己的认知。人能够感到自己是被不合理的想法带入到困境之中的;能够看到自己具备改变不合理信念的能力;通过运用认知和行为调整的方法可以积极地、不断地改变这种认知的能力。通过发现不合理的观念,了解为什么它们是不合理的,合理的观念应该是怎样的,从而达到调节情绪的目的。

## 二、心理健康与心理失调

人的基本存在规定性就是要活着,要避免不必要的痛苦,要自我实现。为了达到这样的存在,一个心理健康的人应该具备以下一些特质:

自我兴趣:心理健康的人应该首先对自己感兴趣,并且应稍稍高于对他人的兴趣。埃利斯认为,人们生活在一个特定的社会里和一种以自我为中心的哲学里。这意味着,人应该首先把自己置于一个重要的位置上,其次才是他人。这种观点当然与自私哲学有所不同。对自己感兴趣意味着不要把自己的人生价值附着在他人身上,即不能在除自己以外的任何他人身上寻找自身存在的意义。所以对于那些视恋人如生命、视孩子如生命的人而言，他们错误地把自己的生活重心放在了别人身上。如此就会产生不合理的观念，"他离开我就活不下去了！""孩子学习不好怎么行呢？"

社会兴趣：正如上一段中提到的，人们对自己的兴趣是稍稍高于对他人的兴趣，这是一个度的问题。既不能没有自我，也不能太过自我。作为社会性动物的人，只有关心他人，帮助他人，尊重他人，才能在环境中生活得愉悦快乐。

自我接纳，自我指导，自己对自己负责：心理健康的人能够为自己的生命存在而欣慰，并欣赏自己，悦纳自己，不以他人的外在标准来评价自己。自己对自己负责，不怨天尤人地责怪他人及社会。对待问题能够独立自主，虽然也会与他人合作，但不一味依赖他人的支持和帮助。

高耐挫力，接受现实，追求长远的幸福：心理健康的人不会因为一时的错误和失败而一蹶不振，因为他们不追求完美，了解生活的本来面目就是残缺的，他们目标明确而远大，不纠缠于眼前的旦夕祸福。

富于创造和冒险精神：心理健康的人不受刻板、僵化的规则束缚，积极从事自己的事业，并从中获得乐趣。他们理性、求实，具有开拓精神。

与此相反，那些出现心理问题的人则有如下表现：

过分严格要求自己、他人和环境：不能允许变化、失败、不顺的发生。如果自己没有做好就认为自己一无是处、一文不值。如果他人没有按照自己的理想行事，就埋怨愤恨、喋喋不休。如果环境不符合自己的期望就愤世嫉俗、怨声载道。

无法忍受逆境、痛苦、挫折：由于缺乏长远的富于建设性的目标，心理不健康的人不能适应当前的痛苦，面对挫折时更容易退缩、放弃、萎靡不振。

## 三、分析和确定心理问题的 ABC 理论框架

理性—情绪疗法的基本假设是：情绪来自于个体对其遭遇的事件的信念、评价、解释等认知观念，而非来自事情本身。消极的情绪问题是由错误的不良认知引起的。因此，改变错误的认知就可以达到调节情绪、改善行为方式的目的。在理性—情绪疗法建立之初，埃利斯用 ABC 理论框架来分析和解释患者的心理问题。

**（一）ABC 理论框架的含义**

A（Activating events）代表诱发性事件。即主体认为的某种导致自己情绪和行为

的事件。事实上,纯粹客观的事件并不存在。人们一旦将某事纳入自己的意识之中并对其作出反应,首先就是用自身的视角、需求和思维模式对环境的筛选,也就是说人的认知和信念已经在起作用了。所以,从人们谈起他关注的事件、看重的问题开始,对于心理咨询和辅导就具有了信息收集和问题分析的意义了。来访者经常在讲述事件时,加入很多主观的评价性内容。心理咨询师或心理辅导者需要进一步明确更客观的真实情况是什么。

B(Beliefs)代表主体对诱发性事件的认知和信念。对诱发性事件的不同认知会导致不同的情绪和行为结果。按照理性—情绪疗法的观点,人们头脑中存储着众多的信念(Beliefs),包括认知、想法和主意等。从表面上看,似乎是生活中的事件(A)导致了人们的情绪和行为反应。事实上,人们总是按自己的信念(B)认识和解释(A),正是这种认知和解释才是引发情绪和行为的真正原因。

人们有两种认知信念形式,包括无评价认知(如"看标识寻路")和评价性认知(如"那人没礼貌"),无评价认知通常不会引发情绪的波动,而评价性认知则往往伴随着情绪反应。因为评价是根据一定的标准和需求作出的,个体的评价通常是受主观倾向性影响的。评价性认知又可再分为积极的正性认知和消极的负性认知。判断积极和消极认知的标准并非其情绪结果的积极还是消极,有时消极的情绪未必是由消极的认知导致的。比如对于没有社会公德行为的愤怒,这里的消极情绪——愤怒的认知因素是积极的正确的。消极的认知也可称为非理性认知或不合理信念,与前述心理健康的人所具有的特点相左,消极的认知通常表现为极端思维、末日想象和过于片面。非理性认知或不合理信念的详细介绍将在稍后进行。

C(Consequences)代表个体的情绪和行为反应或结果。理性—情绪疗法强调对情绪结果的慎重仔细的评估,即区分"适当的"和"不适当的"消极情绪。诸如难过、遗憾、愤懑等适当情绪被认定是由"合理的"选择性认知评价造成的,它们有助于人们通过努力而改变已有的成见,从而向好的方向发展。"不适当"的情绪状态则包括:绝望、负罪感、焦虑等,这些情绪被视为是由"不合理"的必须性的认知评价造成的,这些情绪状态倾向于干扰人的力图改变现状的建设性努力。伴随消极的情绪反应的是行为,比如退缩、拖延、酗酒、药物依赖等失常行为同样是不合理的、绝对化的认知评价的结果。

**(二) 不合理信念的特征及表现**

1. 不合理信念的特征

人们持有的不合理信念通常具有三个特征:绝对化要求、过分概括化和糟糕至极。

绝对化要求是最常见的不合理信念。对事物的绝对化要求是指人们以自己的意愿为出发点,对事物作出必定应该这样或决不能这样的要求。比如"我必须做到最好","朋友应该理解我","我决不能失败"等,怀有这样信念的人很容易陷入情绪困扰。因为世界上没有绝对的事情,一个人不可能在每件事情上都取得成功。莫说朋友,就是父母家人也并不必然地要理解你。事物的发生和发展不是以个人的意志为转移。有这种绝对化要求的人往往在现实中会大失所望,于是消极的情绪随即而至。理性情绪疗法要帮助他们认识这些绝对化要求的不合理之处、不现实之处,并帮助他们学会以合理的方式去看待自己和周围的事物。

过分概括化是一种以偏概全的不合理思维方式的表现,就好像以一本书的封面来判定一本书的好坏一样。当面对失败或极坏的结果时,过分概括化的人往往认为自己"一无是处"、"一文不值"、"是废物"等。这样的评价常常导致过分自责、自卑自弃的心理以及焦虑、抑郁的情绪。在对待他人的态度上,如果他人稍有过错或行为瑕疵就一味地责备他人,乃至产生敌意及愤怒。埃利斯认为,以一件事的成败来评价整个人是一种理智上的法西斯主义,并提倡"评价一个人的行为而不是去评价一个人"。因为一个人的价值是不能以他是否聪明、是否取得了成就等来评价的。人的价值在于他具有的人性,而人性的一个重要特点就是残缺之美,世界上没有人是完美无瑕的,每个人都应接受自己和他人是有可能犯错误的人类的一员。

糟糕至极是认为如果某件事发生就犹如大难临头,是极端可怕的,让人难以控制且无法挽回。这种想法会让人陷入极端不良的情绪体验,如耻辱、内疚、焦虑、悲观、抑郁的恶性循环之中而难以自拔。持有这种不合理信念的人会认为一件事情是最坏的情况,有百害而无一利,是灭顶之灾。理性—情绪理论认为非常不好的事情确实有可能发生,尽管我们不希望发生这样的事情,但没有任何理由说这些事情绝对不应该发生。人们应该努力去接受现实,在可能的情况下去改变这种状况,如果不可能,则学会在这种状况中生活下去。实际上,不管多糟糕的事情总会有比其更严重的情况,就算一件事已经达到了个体忍耐的极限,但物极必反,糟糕至极意味着事物将要开始向好的方向发展。

所有的不合理信念通常都具有上述三种特征,每一个人都或多或少地会具有不合理的思维与信念,而那些具有严重情绪障碍的人的不合理信念则更为明显和极端。情绪障碍一经形成,个人自身往往钻入牛角尖而无力解决,只有通过心理咨询师和辅导者的协助,破除和纠正不合理信念。

## 2. 不合理信念的表现

区分合理与不合理信念的标准：①合理的信念大多是基于一些已知的客观事实；而不合理的信念则包含更多的主观臆测的成分。②合理的信念能使人们保护自己，努力使自己愉快地生活；不合理的信念则会产生情绪困扰。③合理的信念使人更快达到自己的目标；不合理的信念则相反。④合理的信念可使人不介入他人的麻烦；不合理的信念则难以做到这一点。⑤合理的信念使人阻止或很快消除情绪冲突；不合理的信念则会使情绪困扰持续相当长的时间，造成不良后果。

埃利斯提出了10种不合理的信念，认为这些不合理的信念常存在于有情绪困扰或适应不良者身上，具体如下：①人应该得到生活中所有对自己重要的人的喜爱和赞许；②有价值的人应该在各方面都比别人强；③任何事物都应按自己的意愿发展，否则会很糟糕；④一个人应该担心随时可能发生的灾祸；⑤情绪由外界控制，自己无能为力；⑥过去的历史是现在的主宰，过去的影响是无法消除的；⑦任何问题都应该有一个正确、完满的答案，无法找到正确的答案是不能容忍的事；⑧对有错误的人应该给予严厉的责备和惩罚；⑨逃避困难、挑战与责任要比正视它们容易得多；⑩要有一个比自己强的人做后盾才行。

从以上非理性观念中，可以归纳出如下的非理性思维方式：

因为我喜欢这样，所以我应该这样；因为事情很难，所以是没有办法的；因为事情到目前为止一直如此，所以必然永远如此。

将事件也许如此想象为一定如此；将事情有时候这样想象为总是这样；将某些事物想象为所有事物；将事件好像如此认为是确实如此；将我表现不好认为是我不好，等等。

面对这些不合理信念，心理咨询师或辅导者可以通过与不合理信念辩论、合理情绪想象技术等方法予以矫正。

# 第四节　社会建构论

20世纪90年代，后现代主义心理学作为一种新的思潮在西方兴起。走向后现代的心理学越来越重视具体的、实用的知识，重视知识的实践功能；心理学家的专业实践越来越被看作心理学知识的重要源泉；后现代心理学家拒绝将所谓客观的实证方法视为唯一合法的方法,倡导叙事学的、阐释学的、解构学的等多种研究取向,强调互动的、参与的研究。

## 一、社会建构论的基本内容

建构主义认为,人类不是静态地认识、发现外在的客体世界,而是经由认识、发现过程本身,不断构造新的现实世界。自 20 世纪 60 年代后期,建构主义作为一种反实证主义的学术思潮和运动,向许多学科研究领域蔓延。社会建构论或社会建构主义是在建构主义的理论基础上追加了"建构"的外部条件,即社会的、文化的、历史的因素。在心理学领域,社会建构论代表了后现代主义的立场,换言之,"社会建构论"一词与后现代主义心理学是同义的。

社会建构论认为,一切知识都是社会建构的,通过社会过程获得它们的意义,而这些意义因时、因地、因人而异,不存在超越社会群体之上的普遍性。知识的构成是一种以语言的形式表现出来的社会一致。我们生活在社会文化中,无法摆脱深植其中的意义系统。这些文化中的或"地方性的"意义就是我们所能知道的一切。换言之,社会建构论强调个人的认知是在社会文化的环境之下建构的,因此所建构的知识与社会文化脱不了关系。所建构的知识的意义虽然是主观的,但也不是随意地任意建构,而是需要与别人磋商和和解来不断地加以调换和修整,而且会受到当时文化与社会的影响。

## 二、社会建构论影响下的心理治疗

后现代心理学认为,科学主义心理学和人本主义心理学都将人从其特殊的文化背景中抽象出来,忽视行为和意识产生的社会文化背景,社会文化的内容被视为偶然的、局部的,而心理过程则被看成本质的、普遍的。代表后现代主义立场的社会建构论超越了科学主义和人本主义的二元对立,从注重个体内部的认知机制,转向了对心理生活的背景性考察,更注重心理生活的社会的、文化的、历史的向度。

后现代心理治疗与现代心理治疗相比有以下几个主要的变化:

对心理问题定位的视角转换。现代心理治疗着眼于个体的感受,把心理问题定位于个体内部,后现代心理治疗则把心理问题定位于人际互动,即以语言为媒介的种种关系构成的社会空间,强调的是语言的社会过程。简言之,社会建构论动摇了现代心理学所标榜的客观性与真实性,认为心理障碍不是一种自然现象或医学现象,而是一种文明的产物。在社会建构主义者看来,"心理障碍往往只是人际关系障碍的副产品"。以抑郁为例,建构主义的观点认为,对于抑郁的症状,应该从人际的、社会过程的以及心理动力学的方面寻找原因,而不是从个体内部、生物学的方面寻找原因。由于建构主义把疾病和问题都看作是一种文化的建构而不是独立的现实,所以,以往所谓的"功能障碍"、"焦虑"、"压抑"、"痛苦"等都被看作是社会的观念。

治疗任务的不同。对于心理问题定位的变化,必然导致治疗任务的相应变化。后现代心理治疗的任务就是对固有的社会观念进行重构,即建构新感受的过程。也可以说是通过治疗师与来访者的对话,建立和发展新的意义的过程。面对新的治疗任务,治疗师要问的问题是某种特定的自我描述能否被改造成一种新的形式,或是用另外一种替代的描述能否同样处理好同一个事实。治疗师与来访者并不是主体与客体的关系,而是共同的参与者。他们所进行的思考、感受及想象并不是个体的内心事件,而是通过参与而建立起来的过程。参与的媒介是语言。治疗师要对他本人的意见、价值观的后果承担责任,并且也要鼓励来访者这样做。在这样的治疗方案中,治疗师帮助来访者把症状或问题看作是生活的社会形态的一部分,而不是一种疾病或是个体的内部问题。这种"生活中的冲突"并不是发生在思想与情感之中,而是在不同的冲突性的社会情境之中。治疗师要做的是通过采用各种互动方式,以帮助来访者建立并发展新的意义;通过与来访者合作,以创造出一种新的、令人满意的、可发展的情境。当代流行的短期焦点治疗、叙事治疗和社会治疗都是以此为核心理念的。

治疗师角色的变化。后现代主义心理治疗要求心理治疗师放弃对心理问题无所不知的权威态度,要采取一种不知者的立场,不对问题做任何预先的假定、期望以及回答,这样可以排除他们以往的知识和偏见,以免对新的意义关上理解的大门。他们要做的是,尽可能多地倾听来访者,鼓励来访者带来新的意义和理解。治疗师的角色可以称之为"话语艺术家",或是"对话过程的建筑师"、"助长者"、"促进者"。

在治疗方法方面,可以说,在社会建构论这个大原则的统摄下已经发展出多种多样的形式和方法,不同的疗法各有侧重。例如,以解决方案的讨论取代对问题本身的讨论,协助来访者以书面表达的形式重新建构他们的生活,协助来访者以表演的形式重新建构生活,该疗法称为表演疗法或社会治疗;通过治疗师与来访者之间各种不同的对话方式建构新的意义,把治疗的着眼点集中于来访者的积极特征和发展潜力上,即积极心理治疗等等。

【阅读资料】

### 社会治疗理念

社会治疗是后现代心理治疗的主要方法。由于社会治疗的基本特征充分表现了对人的社会性、历史性、主动性和创造性的弘扬,强调了人的社会性先于个体性,真正把人看作是社会历史的存在物,提出只有重建个人的社会感和历史感,主动地选择自己的行为,创造自己想要的生活,才能摆脱精神痛苦和情绪障碍。从这个意义上讲,社会治疗不仅仅是一种心理调适的工具,而是一种生活规划的方法论,是用一种新的人生哲学来指导人们的生活,指导人们如何去创造新的生活。人们常说,一种好的心理治疗理论同时也应该是一种好的教育理论,一种有效的生活哲学。实际上,社会治疗不仅仅是指导个人生活的治疗技术和生活哲学,同时也代表了一批后现代思想家与实践家从根本上改良社会环境的理想与规划。从社会治疗的发展趋势来看,迄今为止已在美国成功地推行了近三十年。全美的社会治疗中心已遍布纽约、费城、华盛顿、亚特兰大、波士顿、旧金山及洛杉矶等地,很多人在该疗法的帮助下重新开始了新的生活。一些了解该疗法的研究者、理论家、教育家以及治疗领域的从业人员甚至认为社会治疗动摇了现代心理学的根基,并震撼了心理治疗领域。

(资料来源:乐国安.咨询心理学[M].天津:南开大学出版社,2002.)

## 本章小结

1. 行为主义聚焦于适应不良的心理及行为障碍,认为有机体通过条件反射和观察学习机制习得的适应不良心理及行为障碍亦可通过条件反射和观察学习机制以消除。

2. 人本主义认为,心理障碍是自我实现和自我成长的力量受阻,可通过心理咨询和辅导重新唤起人性中固有的这种力量,人就可以恢复健康。

3. 理性情绪理论认为是不合理认知导致了情绪和行为问题,因此,调节内在的不合理认知即可解决情绪和行为问题。

4. 社会建构论把心理问题和心理障碍看成是社会文化的建构,因此采用各种"社会关系的"、"发展的"、"成长的"方式调节心理问题。

## 思考与讨论

1. 为什么心理学的理论无法实现一家之言？

2. 掌握心理学的理论对于心理咨询和心理辅导具有什么意义？

3. 经典条件反射与操作性条件反射有什么区别？

4. 在对待人的观点上，人本主义与行为主义各自的真理和谬误是什么？

5. 结合所学理论，分析如何减少暴力犯罪。

6. 你是否也有一些不合理的认知？运用理性—情绪理论尝试作出改变。

7. 社会建构论的基本观点是什么？社会建构论对心理咨询有着怎样的影响？

# 第五章　个体心理辅导

【学习目标】

1. 掌握个体心理辅导的基本概念。

2. 掌握个体心理辅导的对象。

3. 了解个体心理辅导的过程。

4. 掌握个体心理辅导的常用方法和技术。

## 第一节　个体心理辅导概述

### 一、个体心理辅导的概念

学校个体心理辅导是辅导者运用心理学的方法与手段,通过一对一的辅导,帮助个体解决学习、生活或成长过程中所遇到的心理困扰与一般心理问题,从而形成良好的心理素质,提高心理健康水平的过程。个体心理辅导是学校心理辅导中的一项非常重要的工作。

有的学生认为个体心理辅导就是老师们常做的思想教育工作,从形式和出发点上看,个体辅导似乎类似于教师工作中经常进行的学生思想教育,其实二者具有本质的区别。

个体辅导与学生思想教育虽然都关注学生的问题,但是问题性质有所不同。思想教育更多用于解决学生的学习或者违纪问题,而个体辅导的问题则既可能来自某次违纪行为,也可能是老师观察发现的与学校纪律无关的问题。问题性质的不同源于二者服务目标有所差异。思想教育以管理学生、改变学生行为使之符合规范为目的,而对于个体辅导来说,问题之所以成为问题,是因为其对学生的发展存在不良影响,辅导的目的是为学生服务,重视引发行为的内在心理问题,通过调整认知,培养良好行为习惯,促进学生的成长。因此,思想教育更多的是促使学生行为符合规范,而个体辅导则是帮助学生在自我澄清和认知领悟中自己生成正确的原则和行为方式。从教师与学生的关系来看,思想教育中教师存在一定的强制性和消极评价,而个体辅导中的教师则以更温和、平等、宽松的方式为学生提供帮助。在健康人格塑造和全面发展日趋受到重视的今天,个体辅导以心理学的科学研究为基础,其方法的可操作性和效果的持久性,受到越来越多的教育工作者关注。

## 二、个体心理辅导的过程

个体心理辅导可以分为三个阶段:开始阶段、指导与帮助阶段、巩固与结束阶段,每一个阶段都会有其需要完成的任务。

### (一) 开始阶段

开始阶段是整个心理辅导的基础,这个阶段的主要任务包括建立相互信任的关系,收集来访学生的资料,明确问题性质。

关系是整个心理辅导过程的核心,也是影响辅导效果的关键因素。在学校心理辅导中,真诚、温暖、积极接纳、尊重、共情的人本主义态度能够帮助心理辅导老师与学生建立起相互信任的关系。除此之外,在辅导开始阶段,适当地处理来访学生的期待也是建立良好的辅导关系的重要因素。不了解心理辅导的性质的学生,最初接触心理辅导时,会期待着自己把面临的问题和困境告诉辅导老师后,辅导老师会用很神奇的方法告诉自己该怎么做,而且自己的问题很可能就会迎刃而解。事实上,心理辅导是需要通过来访学生本人的努力,在辅导老师的帮助下更好地了解自己,更客观地分析问题,并作出更适合自己的决策。

开始阶段的第二项任务便是收集来访学生的资料。要收集的资料包括两类,一类是来访者的基本情况,这类资料包括学生姓名、年龄、班级、家庭及社会生活背景、兴趣爱好、学习生活近况及有无心理辅导经验等,此类资料可以通过建立固定格式的信息表,在学生初次约见时填写。另一类要收集的资料是来访学生的心理问题。这一类问题的了解与掌握比收集基本情况要复杂得多,来访学生的问题可能是多方面的,但来访学生未必很了解心理辅导解决问题的方式,也未必能很清晰地把问题表达出来,这就需要辅导者在收集资料的同时不断地关注辅导关系的建立与维持，帮助来访学生打消顾虑，更有效更全面地收集心理问题的相关资料。

第三项任务是明确问题性质，决定心理辅导的适应性。考虑心理辅导的适应性对于心理辅导工作的实施是十分必要的。学生在学业、生活中存在的问题有一般的心理问题，也有可能已经较为严重，出现了不同程度的心理障碍。学校心理辅导更适合解决学生在成长中出现的各类发展性问题及适应性问题，而心理障碍问题则更适合由专业的心理咨询或治疗机构来解决，若学生的问题已经出现了精神类疾病的症状，应及时通知学生的父母，转送精神病医院接受诊断与治疗。

**（二）指导与帮助阶段**

经过开始阶段，心理辅导进入第二个阶段，即指导与帮助阶段。这一阶段需要完成的任务有三项：确定辅导目标、制订辅导方案以及实施指导帮助。

心理辅导的目标，就是心理辅导所追求的结果与所要达到的目的。确定明确的辅导目标，在辅导过程中有着重要的意义。首先，它能使辅导双方都清楚地意识到努力的方向，从而不仅能详细制订实现目标的具体方案，又可以在实施过程中根据目标对方案进行必要的调整。其次，它有助于辅导双方的积极合作，因为有了明确的目标，使前来求助的学生看到了希望，增强坚持辅导的信心与动力。由于方向明确，求助学生成为辅导过程的主动参与者，使辅导双方能积极合作，协调一致。再次，它有利于对辅导的效果进行评估，通过辅导目标的达成情况，求助学生可以清楚地看到自己的变化，从而认识到心理辅导在自我成长中所发挥的作用，辅导双方也可以借此评价辅导方案的适用性及心理辅导的进展程度。

在确定辅导目标的过程中，需要遵循一定的原则，并采取恰当的方法。

（1）必须由辅导双方共同确定目标。心理辅导目标需要由辅导双方共同配合，互相交流并最终达成一致。因此辅导者要鼓励并引导学生全面、深入地倾诉和反映，真实地提出自己的要求和想法。但辅导过程中也会存在双方意见有分歧的时候，辅导老师需要耐心地解释心理辅导的特点及解决问题的方式，让学生在充分了解心理辅导作用的前提下，双方逐步达成一致。

（2）心理辅导的目标针对的是心理问题的解决。学校心理辅导过程中，会遇到学生所求助的问题不是心理方面的问题，比如经济有困难，考试不合格等等，心理辅导不能帮助学生解决经济困难，或帮助他们向任课老师求情，心理辅导的目标只能是帮助学生调整对问题的看法，解决他们的情绪困扰，以提高他们在生活中的适应力。也就是说,心理辅导的目标必须属于心理学性质。

(3) 中间目标与终极目标相统一。中间目标是心理辅导过程中所要达到的具体目标,而终极目标则是实现人的心理健康,充分发掘潜能和促进人格的完善。确定辅导目标需要考虑中间目标与终极目标的协调与统一,即辅导中不仅要解决学生当前所面临的具体问题,同时要从提高整体心理健康水平,充分发掘潜能,促进人格发展着眼,把终极目标融于中间目标,以终极目标引导中间目标,通过中间目标的实现达到终极目标的完成。如中学生解决当前同学关系中的冲突问题,探索更适合自己的学习策略等等,都可以作为一个当前要达到的具体目标,而从长远来看,帮助中学生通过解决具体问题,从而更全面地了解自己,提高自我解决问题的能力,更积极地适应社会环境是长远目标,这两个层次的目标之间是相互统一的。

(4) 心理辅导目标必须具体、可行。前来求助的学生有时能将问题表述得比较具体、明确,如降低考试前的焦虑情绪,消除高考落榜的忧愁,解决失眠问题,处理与老师的冲突等等。但有时也比较笼统、抽象,如希望能适应社会发展,不要总是心烦,希望跟大家都能相处得来等等,这样的目标大而空泛,既难以操作落实,形成合理的辅导方案,又很难对辅导效果进行评估。这就需要辅导双方经过商讨,共同将抽象的目标具体化,目标越清晰、越具体,也就越能发现这些目标是否符合客观现实,是否可行。

辅导目标明确之后,第二项任务就是要确定合理有效的辅导方案。方案不仅要包括辅导所依据的理论、具体的辅导方法,也包括实施过程中的详细计划与步骤。不同的理论基础会带来不同的方法与过程,解决心理问题的方案不是只有一条正确道路,当辅导目标明确之后,辅导者会根据自己的专业经验及具体要解决的问题来确定有效的辅导方案,在本章第三节内容中,可以了解到不同的理论及其方法所擅长的领域与具体的实施过程。

本阶段的第三个任务,即实施指导与帮助,辅导者会根据辅导方案,逐步实施,帮助求助者解决心理问题,最终实现辅导目标。在辅导过程中,可能会遇到辅导者或求助者发现所确定的辅导目标有偏差,或是辅导方案中存在不合理之处的情况,这时就需要让指导与帮助过程先停下来,重新商讨辅导目标或方案,在双方达成共识后,修改目标或方案,然后再继续实施过程。

在指导与帮助的过程中,辅导者的角色可以是一个引导者、参与者和商讨伙伴,担负着给求助学生提供一种良好的人际关系,引导其站在不同的角度思考问题的任务,也会为其提供说明、解释、意见、建议，最终促进学生的改变与成长。而求助学生是真正的问题决策者、实践者，他们需要通过辅导过程，获得更好地独立分析问题、解决问题的方法。对于双方的这种角色关系和各自的责任，辅导者要有清醒的认识，能准确地把握，并在辅导过程中给予明确说明，提供必要的提醒。

### (三) 巩固与结束阶段

这是心理辅导的最后阶段，经过上两个阶段辅导双方的共同努力，基本达到既定的目标后，即进入心理辅导的巩固与结束阶段。这一阶段可以通过适当拉长两次会谈的时间，或是减少每次会谈的时间，使辅导过程逐渐结束。巩固与结束阶段的主要任务是巩固效果和追踪调查。

巩固效果是结束辅导之前必须完成的一项任务，具体工作包括：

(1) 辅导者向求助者指出其已经取得的成绩与进步，使求助者意识到在辅导过程中自己的进步，这也是咨询结束的暗示，可以让求助者对此做好心理准备。

(2) 辅导者与求助者一同就其心理问题和辅导过程作回顾总结，这有助于帮助求助者加深对自己问题的认识，总结经验，获得有益的启示。

(3) 指导求助者巩固已有的进步，将获得的经验运用到日常生活中去，并逐步稳定、内化为求助者的观念、行为方式和能力，使之能独立有效地适应环境。

追踪调查是为了了解求助者能否运用获得的经验适应环境，进而最终了解整个辅导过程所做的工作是否成功。追踪调查一般在辅导基本结束后的数月至一年间进行。在学校心理辅导中，追踪调查可采用以下方式进行：

(1) 填写信息反馈表。

信息反馈表一般是由学校负责心理辅导的部门统一印制，辅导者会嘱咐求助者定期填写并反馈给辅导者。

(2) 约请求助者定期前来面谈。

辅导者与求助者面谈是直接了解辅导效果的有效方式。这种方式获得的信息量大，容易深入，也便于辅导老师及时察觉问题，并适时予以进一步指导。

(3) 访问他人。

向了解求助者学习、生活等情况的人，如父母、班主任、同学、关系密切的朋友等了解情况，通过他们了解求助者现在的适应状况。这些做法一般比较客观，如果能将这种方式所获得的信息与其他方式反馈的信息综合起来考查，得出的结论将更全面、真实。运用这种方法时，需注意维护求助者的利益，保护其尊严，遵守保密原则。

# 第二节　个体心理辅导的会谈技术

个别心理辅导过程中常用的会谈技术包括非言语技巧和言语技巧两大类,言语技巧又可以根据在辅导中起到的不同作用分为倾听的技术和影响的技术,倾听的技术主要用在辅导的初期,主要的作用是收集求助者的问题,与求助者之间建立起相互信任的关系;影响的技术的作用则在于辅导者向求助者施加影响,处理问题,所以多用于咨询过程的中后期。当然,辅导过程中总是需要不断地发现与收集问题,不断地解决问题,所以这种阶段的划分又不是绝对的。

## 一、非言语技巧

当我们与他人进行交流时,非言语信息起着很重要的作用。非言语信息是指除言语和书面语言外的所有人类沟通方式。

若心理辅导者对求助者的非言语线索敏感的话,便能对求助者有更多的了解。而辅导者的非言语信息对求助者也会产生极大的影响。在辅导中会遇到的一种最基本的信息——情绪信息,在很大程度上依赖于交流中的非言语方面。

心理辅导过程中常见的非言语信息包括身体动作和环境因素。身体动作包括手势、面部表情、眼部运动和姿势,也包括体格、身高、体重、外表等身体特征。辅导环境一般是在辅导室,辅导室的光线、温度、房屋内的摆设、整洁与安静程度都会给求助者带来影响,也被看作是非言语信息的一部分。

在辅导过程中,我们对来访学生的非言语行为进行反应和处理有以下几种方式:

留意言语和非言语信息间的差异或区别,并作出反应。如一个学生说:"我真的(停顿)对做这件事感觉很兴奋。以前我从来没有过(停顿)这种体验。"并且眼睛向下看、斜靠着身子,其中言语和非言语行为之间存在着很明显的矛盾。辅导者有至少三种选择去处理语言与非言语行为之间的差异。第一种是用心记住求助者所说和所做的不一致,即言语信息和非言语行为线索传递的信息之间的差异。第二种选择是向求助者描述出这种差异,如"你说对这件事感觉很兴奋,但说话的时候却低着头,并且似乎很犹豫"。第三个选择是问求助者:"我注意到你在讲述时有停顿,并且眼望别处。

这是什么意思呢?"

留意求助者沉默不语时的非言语行为,并作出反应。辅导过程中,求助者的沉默并不意味着什么都没有发生,沉默的同时也会伴随着一些非言语行为,如低头、搓手、揉衣脚等等。沉默分为怀疑型、茫然型、情绪型、思考型、反抗型,根据非言语线索可以帮助辅导者判断求助者沉默的不同原因。对不同的类型,辅导者需要采取不同的方式来应对。比如,对怀疑型和反抗型的沉默,辅导者需要通过逐步建立信任来解决;对茫然型,需要进一步对求助者困惑的问题做一些解释和说明;对情绪型,辅导者可以通过倾听与共情让求助者对自己的情绪有更多认识和了解;对思考型,则需要给求助者留出一定的时间思考和整理思路。辅导者要敏感地注意到求助者的沉默是否与自己的言语表达与应对方式有关,以便及时地作出相应调整。

第三,使用非言语行为改变会谈的中心。对有些求助者来说,改变会谈的方向是必要的,因为继续同一个话题可能是无益的。当求助者传递的信息太多且杂乱无章时,改变谈话方向同样是有用的。此时,辅导者可以通过将注意力引向非言语行为,从而将求助者的注意力从自己的言语内容上分散开。比如,辅导者可以说:"到目前为止,我们的谈话中只叙述了你弟弟的去世以及你和父母的关系,现在我想请你注意一下,你谈话时做了些什么,你注意到你的手做了些什么吗?"但这种分散求助者注意力的方式需要对正在谈话的内容究竟是否对辅导目标有意义作出准确的判断。

第四,处理求助者在单次会谈或系列会谈中非言语行为的改变。对有些求助者来说,非言语行为可能提示辅导性改变、冲突或者处于求助者意识之外的潜在情绪和身体变化。比如,辅导过程中求助者会表现出一种不寻常的手势、表情或动作,而之前没有表现出来过;也可以是一种迅速的手势、表情或动作,表现出来求助者力图隐藏;或者是一种有些规律性发生的手势、表情或动作,常常发生在可预期的情境中;还可能是一种习惯性的手势、表情或动作,并且求助者没有意识到,被问到时甚至会否认。一旦观察到这些信号,辅导者必须作出决定,是公开地作出反应还是默默地予以关注,是在当次辅导中进行处理还是在以后再来处理。在对求助者非言语行为做反应时,使用描述性词语较之评价性词语更为有益,并且最好用尝试性的方式说出来。例如,"你是否注意到你说话时,你的脸变红了?"可能要比"你的脸为什么红了?""你的脸这么红,你肯定对这个感到尴尬了"之类生硬的评论句更有益处。

除了以上提到对来访学生的非言语行为进行恰当的反应之外,辅导者也需要注意到自己的非言语信息。辅导者某类非言语行为有助于建立建设性的辅导关系,而其他的非言语行为可能有损于这种关系。例如,目光直接注视、身体前倾、放松的姿势等这些建设性的非言语行为,都会有助于求助者对辅导者的同情心和理解力进行积极的评价。此外,求助者对辅导者的个人魅力和专业技能的知觉程度,也与辅导者是否能有效地使用非言语技能相关。表5-1列出了有效及无效的辅导者非言语行为,在评估这些行为时,需要将辅导者非言语行为的有效性与辅导过程中的各种情境变量结合起来,如求助者的年龄、言语内容、会谈进程以及求助者知觉风格等等。

表5-1　咨询师有效和无效的非言语行为

| 有效(鼓励谈话继续进行) | 交流的非言语方式 | 无效(导致谈话延缓或终止) |
|---|---|---|
| 大约一臂距离 | 距离 | 远或非常近 |
| 向前 | 移动 | 离开 |
| 放松但在注意,略向前倾 | 姿势 | 慵懒;僵硬;向后仰 |
| 有规律 | 目光接触 | 回避;蔑视;不安 |
| 有机会立即反应;和求助者共用时间 | 时间 | 作出反应前仍做自己的事;急忙反应 |
| 很友好 | 腿和脚 | 用来和别人产生距离 |
| 使人联系更紧密 | 家具 | 作为障碍 |
| 和你自己或别人一致;微笑 | 面部表情 | 和情绪不一致;愁眉苦脸;面无表情 |
| 强调话语;谦逊;流利 | 手势 | 和话语竞争 |
| 没有或不明显 | 怪癖 | 明显;贬低 |
| 清晰可闻 | 音量 | 非常大或非常小 |
| 适中或略慢 | 语速 | 不耐烦或断断续续;非常慢或犹豫 |
| 警觉;整个会谈中保持清醒 | 精力水平 | 冷漠;困倦;激动;冲动 |

（资料来源：［美］Sherry Cormier,等.心理咨询师的问诊策略［M］.北京：中国轻工业出版社,2009.）

## 二、倾听的技术

### (一) 倾听

倾听和被倾听是我们所有人每天都需要的"重要的心理营养"。倾听,不仅是用耳朵,而且是用整个身心去倾听,我们必须不断地问自己"我是全身心地坐在这里吗? 我是否在注意别处?"倾听的最关键之处,就在于我们对对方的全神贯注。倾听能够引导求助者讲述自己的故事,因此它本身就具有助人的功能。

在倾听的过程中,我们不仅要倾听求助者故事的内容、故事所表达出的情感,也要倾听求助者组织故事的方式。要倾听故事怎样开始、故事的顺序、故事中"愤怒、悔恨、自责等情感线索"以及求助者对故事的理解和他们在故事中扮演的角色。故事中重大的情节缺失也是重要的线索。

有一些因素会妨碍我们的倾听，一是判断和评价求助者信息的倾向；二是由于噪音、时间或话题等分心的事情而停止关注的指向；三是通过提问题来求助者信息缺失部分进行反应的倾向；四是迫使自己解决问题、发现答案的倾向；五是进行倾听时，实际更多的是关注自己。

**（二）提问**

提问是会谈过程中不可缺少的部分，它可以是倾听过程的重要技术，也可以是影响过程中的重要技术。

提问有两种类型，一是开放式提问，以"什么"、"怎样"、"为什么"、"何时"、"何地"或"谁"等开头的提问，被称作开放式提问，如"你为什么会觉得老师不喜欢你？""你认为自己看不进书是什么原因？"这类提问一般多用在开始辅导的阶段，辅导者需要全面地了解求助者的情况，需要求助者说出更多的信息，以使辅导者能更好地理解那些造成求助者当前问题的原因。

如果辅导者需要得到特别的事实或寻求某一具体信息时，则会选用另一种提问方式，即封闭式提问。这类提问常以"是"、"不是"或一个选择性的答案作为回答，如"在我们讨论的所有问题中，哪一个问题令你最感到困扰？""你计划在未来的一个月内提高自己的英语成绩吗？"

虽然提问是我们日常生活中都会运用的沟通技巧，但辅导者对提问技术的熟练掌握却需要不断练习、不断总结，辅导中不适当的提问常会使求助者感到更为迷惑，也会因此而怀疑辅导者，或是怀疑辅导过程是否真的对其有所助益。辅导过程中有效与无效提问的区别在于，提问是否能够让求助者从一个新的角度和深度看待事物。所以，提问的频率、提问的时机都需要恰到好处。以下是关于提问技术的一些指导原则：

第一，提出的问题要围绕求助者的关注点。有效的问题只能来求助者所做的陈述，而不是来自辅导者的好奇心或者结束会谈的需要。

第二，提出问题后，给求助者足够时间去回答。求助者对很多问题并不会准备好现成的答案，所以辅导过程中要把握好节奏，提出问题后，如果求助者在思考如何作答，辅导者要耐心地等待求助者把自己的想法表达出来。

第三，一次只问一个问题。有时辅导者会觉得有很多问题需要了解，会一股脑儿地把问题都倒给求助者，"你的这种不舒服的情绪有多久了？这种情绪给你带来了什么样的影响？你都采取过什么样的方法去应对？"虽然这些问题都是好问题，会帮助求助者更好地理清自己的思路，但这种提问方式却会让求助者不知所措，他们可能更倾向于只回答最后的一个问题，却不一定是最重要的问题。

第四，尽量避免指责性、面质性的问题。这类问题常用"为什么"，并带有指责性的语气，比如"你说你知道学习很重要，那为什么在行为上没有表现出来？"指责性、面质性的问题会让求助者产生防卫心理，也会破坏辅导关系。"你觉得学习很重要，你会如何安排你的生活来体现学习的重要呢？"这样的提问少了指责的意味，也能够更好地引导学生去思考。

**（三）澄清**

求助者在表达自己的想法时，常常是以自己的习惯、以自己内部的参照系统出发来组织语言的，而倾听者可能会觉得很多信息是模糊而混淆的。特别容易引起混淆的信息包括复数代词（我们、他们）、含糊的短语（你知道，就是那样）以及一词多义的语句。如果辅导者不能确定信息的准确含义，就需要使用澄清的技术。澄清，又被称作具体化，是指对来访者不明确的信息进一步了解，使信息更加清晰、明确、具体。所以说，澄清是为准确而倾听。

辅导者在倾听过程中需要注意求助者在陈述的过程中出现的含糊、混淆的信息，特别是在咨询开始阶段，在作出任何结论之前，需要通过澄清技术求证求助者的信息内容。

澄清通常以疑问的形式表达，如"你是说……？"或"你能试着再具体描述……吗？""你能对……举个例子吗？"

求助者：有时我真想彻底地摆脱它。

辅导者：你能为我描述"彻底地摆脱它"是什么意思吗？

求助者：我有太多的功课要做，我总感到落在别人的后面，负担很重。我想摆脱这种难过的感受。

在此例中，澄清帮助辅导双方明确了求助者说出的和辅导者听到的信息内容。双方都没有依赖未作探讨和确认的假设和推论。

**（四）内容反应与情感反应**

求助者所表达的信息中，除了会涉及他们生活中的情境、问题或事件以及思想，我们将称之为信息中的内容或认知部分，也包括他们对这引起信息内容的感受，即信息中的情感部分。对信息内容或认知部分进行反应被称作内容反应技术,最常用的内容反应技术是释义。对信息中的情感部分进行反应则被称作情感反应技术。

为了更好地理解求助者,我们有必要在倾听的过程中区分求助者言语信息中的认知和情感两个部分,并根据需要对这些信息作出反应。有经验的辅导者会努力倾听求助者信息中的认知和情感部分,因为这对于认识求助者生活中的重要情境或人际关系以及他们的情感是重要的。对认知和情感信息作出不同的反应,将会使会谈以不同的方式进行。

释义,具体来说,是有选择地注意求助者信息中的认知部分,并将求助者的主要想法用辅导者的语言表述出来。要注意,有效的释义不是鹦鹉学舌,强调求助者所表达的最关键的词语和想法是很有用的,通过释义要能够引起进一步的讨论,或增加对求助者信息认知部分的了解。如下面的例子:

求助者:我对我爸妈说过,我不可能和那些特别聪明的孩子比,我反应慢,成绩落后是很自然的事。

辅导者:你很想让你家人知道,反应慢就是会让你很难赶上那些聪明的学生。

上例中辅导者的释义针对求助者对自己学习的看法进行了进一步的阐释。

通过释义不仅可以让求助者知道,辅导者已经理解了他所描述的信息,可以鼓励求助者对一些关键想法或思想做进一步阐释,也可以帮助求助者更集中注意那些具有重要意义的特殊情境、事件、思想和行为。

情感反应是对求助者信息中的情感部分进行反应,比如:

求助者:我觉得所有的事情都没意思,我的朋友也转到别的学校去了。我父母也不给我零花钱,什么事也做不了。

辅导者:由于朋友不在身边,又没有钱,你现在觉得没有事情可做。(释义)

辅导者:你感到现在的生活很无聊。(情感反应)

辅导者使用表示情感的词语"感到无聊",以捕捉求助者由特定情境所引起的情绪感受。

情感反应可以用来鼓励求助者对特殊情境、人物或事件表达出更多的情感,学会认识并准确地区分不同的情绪感受,也能让求助者学习如何更好地处理情绪。

**(五) 摘要**

摘要,又称概述、总结,作为倾听技术的摘要,是指辅导者将求助者表达的信息(包括认知部分和情绪部分)经由其整理归纳后,以提纲的形式反馈给求助者的技巧。这个技巧也会被用在影响性技术中,求助者将自己所谈的信息经组织后以简明扼要的形式向求助者表达出来的技巧,被称作影响性摘要。

倾听性摘要有助于求助者回顾、清理、明晰自己的叙述。因此,摘要技术常被运用于一次晤谈结束或谈话中一个片段的结束,即辅导者认为对求助者所反映的某个情况的内容已基本掌握时,摘要可以连接信息中的多个元素,确定主题和模式,可使晤谈内容暂告一段落;也可用于求助者叙述没有头绪时,摘要技术可以打断求助者多余的陈述,尽快找到叙述的主题。

影响性摘要的使用不仅能使求助者系统、清晰地了解辅导者的意见、建议和辅导要点,往往也暗示着一个晤谈阶段或主题的结束,辅导双方对某个话题基本有了一致的看法、观点或解决办法的时候,都会意识到一个阶段的晤谈可以结束了,这时辅导者会对辅导过程或结论作出概括性的总结。

需要说明的是,摘要并不一定由辅导者作出,也可以通过向求助者具体提出一些问题,由求助者进行归纳、总结,必要时辅导者再进行修正或以补充的方式作出。这样做,既有助于辅导者检验求助者接受、理解的情况,更有利于增强求助者对辅导要点的印象,也促进求助者实施这些要点的积极性,因此,这种方式有时对求助者的影响效果更佳。

## 三、影响的技术

### (一)面质

面质是一种重要的影响技术,辅导者运用这种当面对质的技术来处理求助者的感受、想法和行动中存在的明显差异、矛盾、冲突和含糊的信息。在遇到下列情况时,辅导者可以采用面质技术:

1. 言语和非言语行为之间的矛盾

求助者:"我不觉得紧张"(言语信息),但同时又显得坐立不安还不断地揉搓衣角(非言语信息)

辅导者的面质:"你说你不觉得紧张,可是你同时不停地揉搓你的衣角。能告诉我是为什么吗?"

2. 言语信息和行动之间的矛盾

求助者:"我很喜欢学英语",但在行动上,他经常不能完成英语作业。

辅导者的面质："你说你很喜欢学英语，但却经常不能完成英语作业，这是为什么呢？"

3. 前后言语之间的矛盾

辅导者："你之前说过你不在意老师对你的看法，但这件事发生后，你却说很想知道老师究竟是不是不喜欢你。"

4. 理想与现实之间的矛盾。

求助者是一所普通中学成绩很一般的学生，却坚持认为自己应该考上名牌大学。

辅导者的面质："你坚持要考名牌大学，但似乎又不愿去面对自己目前的成绩很一般这个事实。"

辅导者使用面质技术可以帮助求助者意识到，在他们的想法、感受和行动中存在着矛盾或不协调，也可以帮助求助者明确自己想法中的含糊之处，挖掘出认识自己的不同方法。辅导者需要在任何时候都必须清楚自己使用面质的动机。使用面质要有助于求助者检验自己行为的结果，而不是使他们对自己的行为进行辩护。面质反应应该只针对问题中的矛盾，而不是针对求助者本人，避免把面质技术变成指责或辅导者的情绪发泄。

辅导者试图对求助者作出面质之前，应先建立良好的关系和信任度。

求助者对面质的常见反应有四种：否认、困惑、假装接受和真正接受，如果出现了前三种，咨询师需要使用建立关系和倾听的技术，并退回到对求助者进行倾听反应的阶段，如进行释义和情感反应。

**（二）解释**

解释是一种最重要、也是最复杂的影响技巧，是指辅导者运用某种咨询理论或自身的经验，观察、描述、分析来访者心理问题的实质、原因和发展过程。它给求助者提供一种全新的方式与角度来认识心理困扰，面对生活环境，审视自身的认知、情感与行为，从而有助于来访者改变与成长。

解释不同于内容反应与情感反应等倾听技术，后者是从求助者自身的参考体系出发；而前者则为求助者提供其自身情境之外的另一种参照体系，这种体系来自于辅导者的经验与观念或是某一咨询理论。

使用解释技术的时候需要注意，解释的关键是能使求助者信服并有获益。因此，解释要建立在对于求助者准确的信息了解基础之上，而不要将辅导者自己的偏见或价值观投射在求助者身上。这需要咨询师意识到自己的盲点，也需要辅导者的解释深刻、透彻、独到。如果辅导者只凭朴素的感觉,一般的生活常识,缺乏理论的高度,则解释就会肤浅、表面化。这种解释的方式、角度、层次往往是求助者已经熟悉甚至拥有的,因而对其不可能具有影响的意义,这个问题是现实中影响学校心理咨询效果的重要原因。一般来说,与求助者的观点一致或差异微小的解释,更容易带来求助者的改变。

解释过程中,也需要注意措辞,非肯定性、试探性的措辞有利于避免求助者产生防御。解释后,可以询问求助者你的解释是否恰当,来检查解释的准确性。

选择解释的时机也很重要,如果解释会导致求助者焦虑、抵抗或冲破他的"情绪堤坝"时,最好将解释推迟进行。

### (三) 指导

指导就是辅导者直接地告诉求助者说某些话,做某件事或以某种方式行动。这是一种对求助者最具影响力的技巧。在指导过程中,辅导者会以什么样的方式去指导求助者,与辅导者依据的咨询理论直接相关,不同的理论流派有不同的指导方式,这一点与解释技术是一样的。如行为学派辅导者会针对求助者的行为确定矫正目标、制订方案,并对行为结果进行强化;认知学派辅导者则将指导的重点放在求助者的不合理认知方面,通过认知的转变来达到消除和克服不良情绪和行为的目的。

运用指导技术的时候,一方面辅导者要通过倾听掌握求助者的情况,熟悉心理辅导的理论流派及其技术方法;另一方面,指导必须建立在良好的辅导关系尤其是求助者充分信任的基础上,尽可能以建议而不是权威、命令的方式提出(尤其对于自主性强,逆反心强的青春期学生)。辅导者在提供信息时要注意不要将信息强加于求助者,利用什么样的信息并作出什么样的反应,最终取决于求助者自己,辅导者不应利用信息提供,来将自己的价值观微妙地施加于求助者。此外,指导要具体,表达要清楚,同时也需要询问求助者在具体实施过程中可能会遇到什么样的困难,这样,辅导者的指导更容易被求助者采纳。

### (四) 自我开放

自我开放又称自我暴露,心理辅导过程中的自我开放是指辅导者向求助者开放自己的信息,把自己的思想、情感和经验拿出来与求助者分享。研究表明,辅导者的自我开放可以使求助者的自我开放增多,因此自我开放被认为是具有强化作用的影响技术。

辅导者自我开放的内容主要包括:对辅导关系的反应和对求助者的反应(即对求

助者言行、情感问题的体验），关于辅导者自己的个人经历、经验和辅导者角色的问题。

第一种内容的自我开放，在心理辅导中经常发生，如辅导者说："你能这么想我感到很高兴。""你没按我们上次约定的去做，我觉得有些失望。"前者表达的是正性信息，信息的内容是赞扬、积极的；后者则为负性信息，信息的内容是批评性质、消极的。

第二种内容的自我开放，对辅导者来说有时是必要的。如："对你刚才所说的进入一所新的学校感到很不适应的情况，我自己以前也有类似的经历……"，这种对个人经历或经验的开放表明对求助者的理解并愿意分担其情绪，有助于求助者更多的自我开放。但是，有关辅导者个人经历的自我开放应尽量简明扼要，然后再将话题回到求助者身上。

研究证明，中等程度的自我开放对辅导会产生更积极的效果，开放太多与太少，都不一定有效果。过多自我开放可能表示辅导者忽略了辅导的界限，也可能导致不习惯分享隐私的求助者开始退缩；过少自我开放可能会拉大与求助者之间的距离。从内容上看，辅导者应使自己开放的内容和情感与求助者相接近。对青少年、弱势群体求助者，自我开放往往会取得更好的效果。

## 第三节　个体心理辅导的常用方法

### 一、行为干预技术

#### （一）基本原理

行为干预技术与行为主义的三种学习理论有关：经典条件反射理论、操作性条件反射理论和社会学习理论。这些理论的内容已在第四章中有过介绍。

基于经典条件反射模型最常用的行为干预技术便是沃尔甫的系统脱敏技术，我们会在后面对主要技术的讲解中介绍它的具体程序。

我们在日常生活中作出的大部分反应都是操作性行为的例子，比如阅读、开车、写作以及用器物吃饭等。操作性条件反射指的是那些主要受到其后果影响的学习行为。操作性条件的一些核心原理包括：强化、消退、惩罚。

行为主义学者们认为，我们作出某种行为反应往往是因为我们期望获得某种收益（正强化）或是我们希望逃离或摆脱某种不愉快的行为结果（负强化）。强化，无论正负,其目标都是为了增加目标行为。正强化指向个体提供一些对其有价值的事物,如奖励、关注、钱或食物,来作为特定行为的结果。这些有价值的事物即为正强化物。负强化指的是个体为了避免不愉快的事物而表现出适宜的行为。

另一个改变行为的操作性方法便是消退,指对某种特定行为不予以强化,或撤除以前正在实施的强化物。在实际应用领域中,人们可以利用消退技术来消除那些曾被正强化物和负强化物所强化的行为。例如,一个脾气暴躁的孩子,他的父母可能是通过自身对孩子的关注而强化了孩子的脾气,为了处理这一问题行为,那么我们就需要削弱特定行为(发怒)和正强化(父母的关注)之间的联结。这样,我们就可以通过消退过程来减少甚至消除这样的行为。由于消退在减少或消除某些行为的过程中,没能为这些被消除的行为找到替代物,所以在行为修正过程中,消退往往会和其他不同的强化策略结合在一起使用。

还有一种控制行为的方式便是惩罚,即特定行为的结果对行为起到削弱的作用。强化的目标在于增加目标行为,而惩罚的目标在于减少目标行为。惩罚也有两种方式,正惩罚是在个体作出某种行为之后,紧跟上一种令其厌恶的刺激以减少该行为发生的频率,比如老师在班上训斥一个捣蛋的学生。负惩罚指在个体作出某种行为之后,可以除去某种强化刺激物以减少目标行为发生的频率,比如减少儿童看电视的时间来惩罚其不良行为。惩罚的不足之处在于,即使惩罚能够抑制个体不适宜的行为,但并没有让个体学会适宜的行为,所以需要配合强化来发展出适宜的行为,从而取代那些被抑制的行为。

由阿尔伯特·班杜拉发展出来的社会学习理论认为,人们可以通过观察来学习,并认为人们有能力通过自我指导来改变行为。社交技能训练、自我管理技术便基于社会学习理论。相关的一个实例就是,人们可以通过与能够示范有效社交技巧的他人的交往过程学会有效的社会交往技巧。

**(二) 主要技术及操作程序**

1. 放松技术

放松训练是行为疗法中使用最广的技术之一。放松训练又称"松弛训练",是一种通过训练有意识地控制自身的心理生理活动、降低唤醒水平、改善机体紊乱功能的心理咨询与治疗方法。一个人的情绪反应包含主观体验、生理反应、表情三部分,经由人的意识可以把"随意肌肉"控制下来,再间接地使主观体验松弛下来,建立心情状态。因此,放松训练就是训练求助者,使其能随意地把自己的全身肌肉放松,以便随时保持心情轻松的状态,从而缓解紧张、焦虑情绪等。

放松训练可以采用不同的方式,常用的方式包括呼吸放松法、肌肉放松法、想象放松法,这些方法可以单独使用,也可以将几种放松的不同方式结合起来使用。

我们用实际的例子来介绍放松疗法的操作步骤及实施过程。

第一,辅导者介绍原理。使用放松疗法,辅导者应先向求助者简明扼要地讲解放松疗法的原理和过程,明确求助者在放松疗法中的主动作用,激发改变自我的积极性。

第二,咨询师进行示范、指导。首次进行放松训练时,辅导者应进行示范并讲解要点。这样可以减轻求助者的羞涩感,也可以为求助者提供模仿对象。应告诉求助者,如果不明白放松时指示语的要求,可以先观察辅导者的动作,然后进行模仿。

在放松过程中,为了帮助求助者体验其身体感受,辅导者可以在每一个步骤的间隔,指导求助者,如"注意放松状态的沉重、温暖和轻松的感觉","感到你身上的肌肉放松",或者"注意肌肉放松时与紧张的感受差异"等。

这个阶段需要注意以下几点:(1)放松法对想象力强、易受暗示的求助者效果较好。(2)关键是放松,既是身体、肌肉,更强调精神、心理的放松。(3)练习时集中精力,避免干扰。

第三,强化求助者的练习。求助者学会了放松训练的方法及要领后,需要自行练习达到真正的放松。辅导者可以为求助者提供书面指示语或录音磁带,供求助者练习时使用。要求求助者每日练习1—2次,每次5分钟左右。辅导者需要向求助者强调,开始几次的放松训练并不能使肌肉很快进入深度放松状态,需要多次重复的练习,才会有效果。

放松训练有多种方法,求助者可以任意采用其中之一,也可以混合使用。下面介绍三种主要的简便易行的放松训练——呼吸放松法、肌肉放松法、想象放松法。呼吸放松法又包括鼻腔呼吸放松法、腹式呼吸放松法和控制呼吸放松法。(后附呼吸放松法、肌肉放松法指导语举例,想象放松法指导语参见第六章所附案例)

第四,指导求助者用掌握的放松方法代替紧张焦虑。

辅导者指导求助者当出现紧张焦虑等情绪困扰时,在已经掌握放松方法及要领,能够做到放松的基础上,随时用放松替代紧张焦虑,从而解决情绪困扰。这一步的辅导重点在于促进求助者的领悟,放松最重要的目的是能在日常生活环境中可以随时做到随意地放松,并运用自如。

## 呼吸放松——鼻腔呼吸放松训练指导语

请你在一个舒适的位置上坐好,姿势摆正,将右手的食指和中指放在前额上,用大拇指按压住右鼻孔,然后用左鼻孔缓慢地轻轻吸气,再用无名指按压住左鼻孔,同时将大拇指移开打开右鼻孔,由右鼻孔缓慢地尽量彻底地将气体呼出,再用右鼻孔吸气,用大拇指按压住右鼻孔,同时打开无名指,再用左鼻孔吸气,由此作为一个循环。我们来做鼻腔呼吸练习。

好!现在让我们来做练习,先做好准备,用右手的食指和中指放前额上,将大拇指按压住右鼻孔,好!现在用左鼻孔吸气,用无名指移到左鼻孔,打开大拇指用右鼻孔呼气,再用右鼻孔吸气,同时大拇指按压住右鼻孔,打开左鼻孔呼气。左鼻孔吸气,好!打开右鼻孔呼气,右鼻孔吸气,左鼻孔呼气,左鼻孔吸气,右鼻孔呼气,再来右鼻孔吸气,左鼻孔呼气,好!随着控制呼吸,你变得很放松,非常放松,你体验到了这种放松,不知你学会了没有?如此作为一个循环,我们可以同时做5个,以5个为一组,我们可以增加到两组或者三组,也就是说我们可以重复这样的动作10—25个循环。下面让我们再来复习一遍。请做好准备,用右手的食指和中指放前额上,将大拇指按压住右鼻孔,现在用左鼻孔吸气,将无名指移到左鼻孔,打开大拇指呼气,再用右鼻孔吸气,打开左鼻孔,呼气。左鼻孔吸气,右鼻孔呼气,右鼻孔吸气,左鼻孔呼气,左鼻孔吸气,右鼻孔呼气,右鼻孔吸气,左鼻孔呼气,好!现在你的全身肌肉,你的全身心情都非常放松,你的确体验到了这种放松,放松让你很舒服。练习就到这里……

## 呼吸放松——腹式呼吸放松训练指导语

请你用一个舒适的姿势半躺在椅子上,一只手放在腹部,另一只手放在胸部,注意先呼气,感受肺部有足够的空间,来做后面的深呼吸,然后用鼻子吸气,保持3秒钟,心里默数:1-2-3,停顿1秒钟,再把气体缓缓地呼出,可以在心中默数:1-2-3-4-5,吸气时可以让空气进入腹部,感觉那只放在腹部的手向上推,而胸部只是在腹部隆起时跟着微微的隆起,要使你呼气的时间比吸气的时间长,好!让我们先来练习一下,请听我的指导语然后去做:

深吸气,保持1秒钟,1-2-3,再呼气!1-2-3-4-5。深吸气,保持1秒钟,1-2-3,再呼出!1-2-3-4-5。再来!深吸气,保持1秒钟,1-2-3,再呼气!1-2-3-4-5。深吸气,保持1秒钟,1-2-3,再呼出!1-2-3-4-5。

当你感受这样的呼吸节奏而感到舒服的时候，可以进一步进行平稳的呼吸，要尽量做到深而大的呼吸，记得要用鼻子深吸气，直到不能吸为止。保持 1 秒钟，再缓缓地用嘴巴呼气，呼气的时候一定要把残留在肺里的气呼干净，同时头脑中可以想象，你所有的不快、烦恼、压力都随着每一次呼气将之慢慢地呼出了。好！我们再来练习几次。

下面请听我的指导语：

深吸气，保持 1 秒钟，1－2－3，再呼气！1－2－3－4－5。深吸气，保持 1 秒钟，1－2－3，再呼出！1－2－3－4－5。同时想象不快、烦恼、压力都随着每一次的呼气将之慢慢地呼出了。好！继续这些缓慢的深呼吸练习，你可以感觉到身体完全放松了。让我们最后再来练习一组：准备好，深吸气，保持 1 秒钟，1－2－3，再呼气！1－2－3－4－5。深吸气，保持 1 秒钟，1－2－3，再呼出！1－2－3－4－5。想象不快、烦恼、压力都随着每一次的呼气将之慢慢地呼出了。现在你的身体越来越放松，你的心情很平静，你已经学会了放松。

## 肌肉放松法放松训练指导语

现在我们要做肌肉放松训练，学习这项放松训练可以帮助你完全放松身体。首先，请把眼镜、手表等妨碍身体充分放松的物品摘下来，放在一边。请你坐在软椅上，把头和肩都靠到椅背上，胳膊和手都放在扶手或自己的腿上，双腿平放在椅子上，双脚平放在地上，脚尖略向外倾，闭上双眼，这时你很放松地坐在椅子上，感到非常舒服。在下列的步骤中，感到紧张时，请你再持续这种状态 5 秒钟，直到感觉紧张到达极点，当你要放松时，又一下子完全松弛下来，并且感觉有关部位的肌肉十分无力，注意一定要用心体验彻底放松后的一种快乐感觉。

现在，请跟着我的指示做。首先，请深呼吸三次，吸气——呼气——吸气——呼气——吸气——呼气，现在左手紧握拳，握紧，注意有什么样的感觉。好，现在放松。

现在，再次握紧你的左拳，体会一下你感到的紧张状况，然后放松，好！

听我的指令再来一次：握紧你的左手，现在放松，去想象紧张消失得无影无踪了，非常好。接下来的训练中，你都要感觉到肌肉的紧张，然后充分地放松，体会放松后的感觉。

现在，右手紧紧握拳，注意你的手臂、手和前臂的紧张状态，1－2－3－4，好！现在放松。

现在再一次握紧右拳，1－2－3－4，好！请放松。

现在左手握拳，左手臂弯曲，使二头肌拉紧，紧紧坚持着，1－2－3－4，好！现在放松。

现在右手握紧拳头,1-2-3-4,右手臂弯曲,使二头肌拉紧,紧紧坚持着,感觉这种紧张状态,好,现在放松。

现在请立即握紧双拳,双臂弯曲,使双臂处于紧张状态,保持这个姿势,体会一下现在的紧张,1-2-3-4,好!现在放松。

好,感觉血液流过肌肉,所有的紧张流出手指。好,把你的眉毛用力向上抬,紧张使你的前额起了皱纹,1-2-3-4,好!现在放松。

现在请皱眉头,眼睛紧闭使劲把你的眉毛往中间挤,感觉这种紧张通过额头和双眼,1-2-3-4,好!现在放松。

注意放松的感觉流过双眼,好,继续放松。

现在,嘴唇紧闭,抬高下巴,使颈部肌肉打紧,用力咬牙,1-2-3-4,好!放松。

现在各个部位一起做,皱上额头,紧闭双眼,使劲咬上下颚,抬高下巴,拉紧肌肉,紧闭双唇,保持全身姿势,并且感觉紧张贯穿前额,双眼、上颚、下颚、颈部和嘴唇保持姿势,1-2-3-4,好!现在放松。

注意体会此时的感受,现在双肩外展扩胸,肩胛骨尽量靠拢好你的两个肩膀拿到一起,1-2-3-4-5-6-7-8,好!放松。

现在尽可能使劲地向后收肩,一直感觉到后背肌肉被拉得很紧,特别是肩胛骨之间的地方,拉紧肌肉,保持姿势,1-2-3-4,好!现在放松。

现在再一次把肩胛骨往内收,这一次腹部尽可能往里收,拉紧腹部肌肉,紧拉的感觉会贯穿全身,保持姿势,1-2-3-4,好!现在放松。

现在听我的指令,我们要做刚才所有肌肉系统的练习,首先,请深呼吸三次,吸气——呼气——吸气——呼气——吸气——呼气,好,准备好了吗?握紧双拳,双臂弯曲,把二头肌拉紧,紧皱眉头,紧闭双眼,咬紧上下颚,抬起下巴,紧闭双唇,双肩往内收,收腹并拉紧腹部肌肉,保持这个姿势,感觉到强烈的紧张感贯穿上腹各个部位,好!放松深呼吸一次,感到紧张消失,想象一下所有肌肉手臂、头部、肩部和腹部都放松,放松。

现在轮到腿部,伸直你的双腿,脚尖上翘,使你的小腿后面的肌肉拉紧,好!放松。

现在把左脚跟伸向椅子,努力向下压,抬高脚趾,使小腿和大腿都绷得很紧,抬起脚趾,使劲蹬后脚跟,保持,1-2-3-4,好,放松!

接着把右脚跟伸向椅子,努力向下压,抬高脚趾,使小腿和大腿都绷得很紧,抬起脚趾,使劲蹬后脚跟,保持,1-2-3-4,好,放松!

好!我们一起来,双脚跟伸向椅子,努力向下压,抬高脚趾,使小腿和大腿都绷得很紧,抬起脚趾,使劲蹬后脚跟,保持,1-2-3-4,好,放松!

好!现在,深呼吸三次,吸气——呼气——吸气——呼气——吸气——呼气,好!将前面所练习过的所有的肌肉都开始拉紧,左拳和二头肌,右拳和二头肌,前额、眼睛、颚部、颈肌、嘴唇、肩膀、腹部、右腿、左腿请保持这个姿势,1-2-3-4,好!现在放松。

深呼吸三次,吸气——呼气——吸气——呼气——吸气——呼气,好!我们从头到尾再做一次,左拳和二头肌,右拳和二头肌,前额、眼睛、颚部、颈肌、嘴唇、肩膀、腹部、右腿、左腿,保持这个姿势,1-2-3-4,好!现在放松。

体会全部紧张后又全部放松的感觉,现在进行正常的呼吸,享受全身肌肉完全没有紧张的惬意之感,深呼吸三次,吸气——呼气——吸气——呼气——吸气——呼气,然后活动一下你的颈部、手腕,好,你已经完全学会了放松,慢慢睁开你的双眼……

2. 系统脱敏技术

系统脱敏法是基于经典条件反射的一种技术,是由行为主义疗法的先驱者之一——沃尔甫发展出来的一种基本的行为主义治疗的程序。这一技术对于处理恐惧、焦虑、愤怒等不良情绪都是一种十分合适的方法。以下以中学生考试焦虑情绪的处理为例,介绍这个技术的具体实施步骤:

首先,帮助辅导对象排列出令他感到焦虑和紧张的刺激情境,根据其引起焦虑水平的强弱,建立一个等级层次表。依严重程度排列,把最轻微的写在前面,最严重的写在后面。一般来说,可分为1—10个等级层次,每个人可以根据自己的实际情况进行具体设计。比如,可以根据距离考试的时间间隔与焦虑情绪的关系来进行设计。注意,在焦虑等级设计时要尽量使各等级之间保持级差均匀,符合循序渐进的原则。

表5-2 考试焦虑情境等级层次表

| 刺激情境 | 焦虑反应 | 等级 |
| --- | --- | --- |
| 老师说到下个月可能会考试 | 有点担心和紧张 | 1 |
| 老师通知下个月的具体考试时间 | 开始担心会复习不完 | 2 |
| 离考试还有两周 | 担心时间不够用 | 3 |

| 刺激情境 | 焦虑反应 | 等级 |
|---|---|---|
| 考试前一周 | 感到比较紧张,有点害怕 | 4 |
| 考试前一天晚上 | 很紧张,睡不着觉 | 5 |
| 考试当天早上醒来 | 很紧张,感到莫名的恐惧,身体也不舒服 | 6 |
| 在去考场的路上 | 非常紧张,不想去考试 | 7 |
| 进入考场 | 极度焦虑,坐立不安,总想上厕所 | 8 |
| 开始考试 | 非常紧张,手脚冰凉 | 9 |
| 拿到试卷 | 极度焦虑,头脑一片空白,觉得很多题都想不起来 | 10 |

第二步,重复进行放松训练,使辅导对象进入放松状态。

第三步,待辅导对象感到松弛后,辅导者进行言语提示或让其自我暗示想象第一等级的焦虑情境,当产生焦虑体验时,再次进行肌肉放松训练,然后再想象那种情境,通过多次反复,最后达到对该等级刺激情境不再产生焦虑体验,然后进入下一等级,按照同样的方法进行,直到每一层级焦虑反应均被消除。一般系统脱敏辅导每周1—2次,每次30分钟左右。

3. 阳性强化技术

阳性强化法的理论基础是行为主义理论,行为主义理论认为人及动物的行为是后天习得的,是行为被强化的结果。如果想建立或保持某种行为,可以对其行为进行阳性刺激,即奖励,通过奖励强化该行为,从而促进该行为的产生和出现的频率,行为得以产生或改变。这就是阳性强化法的基本原理。

阳性强化法是建立、训练某种良好行为的治疗技术或矫正方法,也称为"正强化法"或"积极强化法"。通过及时奖励目标行为,忽视或淡化异常行为,促进目标行为的产生。咨询中只要合理安排阳性强化的程序,求助者一般都可以慢慢地达到期望的目标,所以,这种方法适用于出现行为障碍、希望改变行为的求助者。

阳性强化技术的工作程序为:

第一,明确目标行为。在进行行为干预前,首先要了解求助者的基本情况,清楚问题形成的原因。然后确认求助者需要干预的适应不良或行为的主要症状表现,即目标行为。所设定的目标行为应当是可以客观测量与分析并能够反复进行强化的。选定的目标行为越单一、越具体越好,如果目标行为太多,则需要分阶段进行矫正效果会更好;不具体或缺乏评估手段与方法,将难以操作。例如,老师希望学生养成多做习题的行为习惯,那么做习题这一可观察、可评估的行为就可以作为目标行为。

第二,监控目标行为。详细观察和记录该目标行为发生的频率、强度、持续时间及制约因素,从而确定目标行为的基础水平。特别要注意目标行为的直接后果对不良行为所产生的强化作用。例如,学生什么时间做习题,做多长时间,做多少题,哪些因素影响了做题的效果等。

第三,设计干预方案,明确阳性强化物。设计干预方案,明确阳性强化物。与求助者一起设计干预方案或塑造的行为,还应确认采用何种干预形式和方法,并且确定使用何种强化物,以达到确实有效的强化与干预的目的。同时还应该根据实际情况的变化,随时调整干预方案,最终使新的行为结果取代以往不良行为产生的直接后果。阳性强化物的标准是现实可行的、可以达到的,对求助者有足够的吸引力,是其需要的、喜欢的、追求的、愿意接受的,这样才能对求助者有较强的强化作用;并且需要同时使用内、外强化物,按照一个渐进的强化时间表,才会促使求助者的行为朝着期望的方向发展。例如,可以与学生商定,当做习题这一目标行为出现时,给予何种奖励。

第四,实施强化。将行为与阳性强化物紧密结合,当求助者出现目标行为时立即给予强化,不能拖延时间,并向求助者讲清楚被强化的具体行为、目的、意义和方法,使求助者了解干预的目标,理解所用的技术和方法的目的及意义,明确自己该怎么做,确立信心并主动配合。一旦目标行为按期望的频率多次发生,就应当逐渐消除具体的强化物,而继续采用社会性强化物或者间歇性强化的方法,以防出现对强化物脱敏的现象。例如,当学生出现做习题这一行为时,应该对其进行阳性强化,给予奖励,实现做题的目标行为与阳性强化即奖励的结合,逐渐养成主动做习题的行为习惯。

第五,追踪评估。随着行为干预的进展,应让求助者本人也掌握和使用干预方法,学会把干预情境下所获得的效果巩固下来,并在干预程序结束之后,进一步发挥求助者的主观能动性,使求助者主动地把疗效扩展到日常生活情境中去,进行周期性的评估。例如,学生已经用阳性强化法使自己养成了主动做习题的行为习惯,可以建立起信心,利用所学到的方法,举一反三,运用到其他需要改变的行为上去,从而改变不适行为,建立良好行为,获得心理成长。

4. 代币管制法

代币管制法是强化法的一种特殊形式,是指通过代币作为中介强化物,换取后援强化物作为最终强化,而形成某种期望出现的适应性行为的方法。

与传统的强化法相比,代币管制法有很多优点。首先,及时采取强化的代币计分制度可以补偿由于后援强化物因时间延搁太久导致的强化失效的问题;其次,由于采用代币作为中介强化物,所以可奖可罚,时机灵活;再次,代币一般会采用便于分割、累积的小星星、小红花、虚拟证券等等,比传统的实物强化更方便。

代币管制法的步骤如下:

第一步,确定所要改变的目标行为。目标行为要尽量具体、单一,如果能够量化,则有利于矫正目标的实现。

第二步,确定代币的类型。代币可以是任何便于计数、累计的小凭证或是符号,比如小红花、小星星、彩色回形针等等。

第三步,选择支持代币的强化物。强化物可以是学生渴望得到的任何物品,或精神奖励。

第四步,建立代币兑换规则。代币兑换规则中需要确定当学生的行为达到怎样的标准,获得怎样的代币奖励,而在什么情况下扣除代币作为惩罚。当代币积累到什么程度后,可以以何种方式兑换强化物。

以下以改变一个中学生小刘的不良学习习惯为例,介绍代币管制法的具体使用。

第一步,确定所要改变的目标行为。

中学生小刘经常不按时完成作业,且作业中出现的错误也很少订正,上课也会经常出现走神、注意力不集中的现象。这是目前学习行为方面急需改变的问题,我们以这些行为的好转作为改变的目标。

第二步,确定代币的类型。

在班级中,我们选择以五角星作为矫正小刘不良行为的代币物。

第三步,选择支持代币的强化物。

对于小刘来说,看课外书、和同学一起打篮球,这些都可以作为支持代币的后援强化物。后援强化物一定要选择学生感兴趣的,对他们有一定吸引力的物品、活动或精神奖励。

第四步,建立代币兑换规则。

小刘的例子中,代币奖惩规则及兑换规则可以是:

| | |
|---|---|
| 当天上课认真听讲,不做小动作 | 奖五角星 5 颗 |
| 按时完成当天作业 | 奖五角星 5 颗 |
| 按时完成订正作业 | 奖五角星 5 颗 |

| | |
|---|---|
| 当天作业全部正确 | 奖五角星 10 颗 |
| 老师发现上课走神,做小动作一次 | 扣五角星 3 颗 |
| 一门课作业没有完成 | 扣五角星 3 颗 |
| 一次发现未完成订正作业 | 扣五角星 3 颗 |
| 一周内积累 50 颗五角星 | 全班面前提出表扬 |
| 一周内积累 80 颗五角星 | 奖励一本课外读物 |
| 一周内积累 100 颗五角星 | 允许参加班级篮球队 |

通过一定时间的强化与矫正,学生的良好行为由强制到最后形成一种良好的个性习惯,在自然情况下能够得到保持,这时,代币制对于学生的生活行为也就没有了意义,我们就需要考虑消除代币制。

使用这一方法还需要注意:代币的价值在制度刚刚建立之初要稳定,获得代币的行为标准不可过严;后援强化物的范围要广,要对学生有吸引力,但需要明确、具体;学生行为的难易程度必须与获得代币的数量相当,难度大的目标行为,奖重罚轻,难度小的目标行为奖轻罚重,以起到约束行为的目的。

5. 自我管理技术

人们时常发现,他们无法达成目标的主要原因就在于他们缺乏特定的技能,或者是对改变抱有不现实的预期。基于社会学习理论发展出来的自我管理技术致力于教人们更为有效地管理其生活所需的技能。其基本思想在于,在问题情境中教会人们使用应对技巧可以引发个体的改变。如果辅导者鼓励求助者承担自身在日常生活中执行这些策略的责任的话,这些策略的效果将可以得到扩展和持续。

自我管理的基本步骤如下:

第一,选择目标。一次应只建立一个目标,这些目标应该是可测量、可达成、积极且富有重要意义的。个体的预期应该现实可行,这一点十分重要。

第二,将目标转换为目标行为。一旦个体希望改变的目标得到确立,那么就需要考虑在这个过程中可能遇到的障碍以及解决障碍的方式。

第三,自我监控。有意对自己的行为进行系统化的观察,并且记录行为日记,在行为后面附上有关先例及结果的相关注释。

第四,为改变制订计划。为实际改变设计出行为计划来。面对同一个目标时,我们可以制订出不同的计划来,每一种都有可能具有效果。在这个过程中,有些自我强化系统是十分必要的,因为强化是现代行为主义疗法的基石。自我强化是一种暂时性的策略,当我们能够在日常生活中贯彻新的行为时,我们就不再需要它了。我们要采取措施以确保我们的收获能够持续下去。

第五,对行为计划进行评估。我们需要对改变的计划进行评估以便确定我们的目标是否已经达成,而当我们学会了其他可以用以达成目标的方式之后,我们还可以对计划进行调整和修改。评估应该是一个持续进行的过程而不是一劳永逸的工作,自我改变则是一个延续一生的工作。

很多人会在自我管理方案中遭遇重复的挫折,Polivy 和 Herman(2002)将这一情况称为"虚假希望综合征",即个体对自我改变的可能速度、数量、难易程度和结果往往抱有不现实的预期。

如果个体一开始就抱有这样不现实的预期,那么其自我改变的努力在一开始就注定要以失败而告终了,但是个体往往还会不停地付出努力,希望最终能够改变自己的行为模式。很多人还会将自己在自我改变上的失败归结于错误的方案或是努力的程度不够。

自我管理技术已经在不同个体、不同问题上收获了不错的结果,其中包括:帮助个体应对恐慌发作、帮助个体管理在社会情境下的焦虑感、鼓励个体的班级发言、帮助个体增加体育锻炼、帮助个体控制吸烟问题以及帮助个体处理抑郁障碍等。

## 二、理性情绪疗法

### (一) 基本原理

理性情绪疗法(rational-emotive therapy,简称 RET),20 世纪 50 年代由阿尔伯特·艾利斯在美国创立。

理性情绪疗法的基本假设是:我们的情绪主要根源于我们的信念、评价、解释以及对生活情境的反应。通过咨询,来访者将学会可以帮助他们识别并对抗其不合理信念。来访者将学习如何以有效而理性的认知来取代无效的思考模式,因此,他们将改变自己对情境作出的反应。

理性情绪疗法的基础是 ABC 理论。A 代表诱发事件;B 代表信念,是指人对 A 的信念、认知、评价或看法;C 代表情绪结果或症状。该理论认为情绪或不良行为(C)并非由外部诱发事件(A)本身引起,而是由个体对这些事件的评价和解释(B)造成的。比如,当你被别人拒绝时(A),你会觉得很难过,很受伤(C),这种难过、受伤的感觉并不是因为受到了他人的拒绝,而是因为你对他人拒绝的看法,你会觉得自己是一个不值得交往的人,别人不会喜欢自己,所以他们才会拒绝自己(B)。

**【阅读资料】**

### 艾利斯总结出的11种非理性信念

阿尔伯特·艾利斯(1913—2007)出生于匹兹堡,他在1955年发展出了理性情绪行为疗法(REBT),被称之为"认知行为疗法之父"。他在治疗来访者的过程中,发现当来访者对非理性信念有了认识与改变之后,情绪的调整便会有很快的改变与进步。艾利斯总结出了11种常见的非理性信念。

(1) 每个人都要绝对的获得周围环境尤其是生活中每一位重要人物的喜爱和赞许。

(2) 个人是否有价值,完全在于他是否是个全能的人。

(3) 世界上有些人很邪恶、很可憎,应该对他们作出严厉的谴责和惩罚。

(4) 如果事情非己所愿,那将是一件可怕的事情。

(5) 人对自身的痛苦和困扰无法改变,因为不愉快的事情总是由于外在环境因素所致,不是自己所能控制和支配的。

(6) 面对现实中的困难,承担责任是件不容易的事,倒不如逃避它们。

(7) 人们对危险和可怕的事情,应该时刻保持警惕。

(8) 人必须依赖比自己强而有力的人,才能生活得好些。

(9) 一个人以往的经历和事件决定了他目前的行为,而且这种影响是无法改变的。

(10) 一个人应该关心他人的问题,并为他人的问题悲伤、难过。

(11) 对人生中的每个问题,都该有一个唯一正确的答案,若找不到答案就会痛苦一生。

(资料来源:郭念锋.国家职业资格培训教程心理咨询师(三级)[M].北京:民族出版社,2011.)

许多学者对艾利斯提出的不合理信念进行了归纳和简化,指出绝对化的要求、过分概括化以及糟糕至极是这些非理性信念的三个主要特征。

绝对化的要求是指个体以自己的意愿为出发点,认为某一事物必定会发生或不会发生的信念。这种特征通常是与"必须"和"应该"这类词联系在一起,如"我必须获得成功"、"别人应该友好地对待我",等等。这种绝对化的要求通常是不可能实现的,因为客观事物的发展有其自身规律,不可能完全按照我们的期待和需要。因此,当某些事物的发生与其对事物的绝对化要求相悖时,人们就会感到难以接受和适应,从而极易陷入愤怒或自责等情绪困扰之中。

过分概括化是一种以偏概全的不合理的思维方式,就好像是以一本书的封面来判定它的好坏一样。它是个体对自己或别人不合理的评价,其典型特征是以某一件或某几件事来评价自身或他人的整体价值。例如,一些人面对失败的结果常常认为自己"就是个笨蛋"、"一无是处"或"毫无价值"。

糟糕至极是一种把事物的可能后果想象、推论到非常可怕、非常糟糕,甚至是灾难性结果的非理性信念。如一次重要的考试失败后就断言"自己的人生就完了"、"这辈子就没有出头之日了"。当人们坚持这样的信念,会极易产生焦虑、担忧,甚至恐惧的情绪,也会因此而夸大负面的结果而忽视正面结果发生的可能性。

那么究竟什么样的信念才是合理的呢?默兹比提出了区分合理与不合理信念的五条标准。这五条标准也可以帮助我们判断自己看问题的角度是不是理性的;具体标准如下表:

表5-3　合理信念与不合理信念的区分标准

| 合理的信念 | 不合理的信念 |
| --- | --- |
| 大都是基于一些已知的客观事实 | 包含更多的主观臆测成分 |
| 能使人保护自己,努力使自己生活愉快 | 使人产生情绪困扰 |
| 能使人更快地达到自己的目标 | 使人难以达到现实的目标而苦恼 |
| 会使人不介入他人的麻烦 | 主动介入他人的麻烦 |
| 能使人阻止或很快消除情绪困扰 | 长时间无法消除或减轻情绪困扰,造成不适当的反应 |

**(二) 操作程序**

合理情绪疗法的操作可分为诊断、领悟、修通、再教育四个步骤。

1. 诊断

这一阶段辅导者的主要任务是根据ABC理论对求助者的问题进行初步分析和诊断,向求助者解说ABC理论,通过与求助者交谈,使之接受这种理论及其对自己问题的解释。

在交谈中帮助求助者找出他情绪困扰和行为不适的具体表现(C)以及与这些反应相对应的诱发性事件(A),并对两者之间的不合理信念(B)进行初步分析。这实际上就是一个寻找求助者问题 ABC 的过程。

其中,求助者遇到的事件 A、情绪及行为反应 C 是比较容易发现的,而求助者的不合理信念 B 则难以发现。辅导者可以先向求助者介绍不合理信念的三个主要特征:绝对化的要求、过分概括与糟糕至极。然后引导着求助者一起寻找 A 与 C 之间的不合理的信念,并具体分析不合理信念所体现出来的特征。比如有一位中学生,在一次考试不及格(A)之后变得很沮丧(C),其不合理信念可能是"我应该是个出色的好学生(B1),这次不及格就说明其实我很笨(B2)",这两个不合理的信念分别表现出了绝对化的要求与过分概括的特点。

在此基础上,辅导者还需要和求助者一起共同协商确定咨询目标,这个咨询目标一般包括了情绪和行为两方面的内容,但理性情绪疗法工作的重点要放在对不合理信念的处理上。

2. 领悟

辅导者在这一阶段的主要任务是帮助求助者领悟合理情绪疗法的原理,使求助者真正理解并认识到:第一,引起其情绪困扰的并不是外界发生的事件,而是他对事件的态度、看法、评价等认知内容,是信念引起了情绪及行为后果,而不是诱发事件本身。第二,要改变情绪困扰不是致力于改变外界事件,而是应该改变认知,通过改变认知,进而改变情绪。只有改变了不合理信念,才能减轻或消除他们目前存在的各种症状。第三,求助者可能认为情绪困扰的原因与自己无关,咨询师应该帮助求助者理解领悟,引起情绪困扰的认知恰恰是求助者自己的认知,因此情绪困扰的原因与求助者自己有关,因此他们应对自己的情绪和行为反应负有责任。

3. 修通

这一阶段是合理情绪疗法中最主要的阶段。所谓修通,就是辅导者运用多种技术,使求助者修正或放弃原有不合理信念,代之以合理信念,从而使情绪症状得以减轻或消除。修通工作可以通过三个步骤来实现。

第一步,驳斥。这是对求助者存在的不合理信念进行讨论或辩论的阶段。这时辅导者主要须用辩论的方法动摇求助者的不合理信念,使他们认识到那些不合理信念是不现实、不合逻辑的,也是没有根据的。

第二步,实证上的分析。从实际生活中寻找证据,加以分析,以进一步驳斥个人的非理性想法。关键之处在于让当事人区分事实、意见、推论、假设之间的不同,并领悟个人的想法及概念不一定是真实的。如学生的想法:"同学们不理我,肯定是因为张老师看不起我。"在这个想法中,"同学们不理我"是"真实事件",而"张老师看不起我"则是这个学生的推测,是无法证明的事情,但是他却已经将一个想象的东西当成确凿事件的前提。

第三步,理性的自我陈述。辅导者可通过一些示范,帮助当事人建立新的理性想法:

目前的困境:"因为又要考试了(A),所以我很害怕(C)。"

转换方法:情境不变,结果改为相反的词。"因为"置后,补充完整。寻找(B)

转换结果:"又要考试了,但我并不害怕,因为……"

4. 再教育

这是合理情绪疗法过程巩固辅导效果并结束辅导的阶段。这时辅导者往往以布置家庭作业的方式帮助学生巩固在辅导过程中所学到的东西,以便能更熟练地采用合理的方式去思考问题,使其在脱离辅导情境之后能以合理的信念指导生活,更少地受不合理信念的困扰。

### (三) 主要技术

1. 驳斥技术:又叫不合理信念辩论的技术。辅导者会对求助者的非理性信念进行驳斥,并教导他们对这些信念进行挑战的方法。求助者将注意审视自己的"必须"、"应该"和"最好"等的想法,直到他们不再持有不合理信念或者至少不合理信念的强度有所下降为止。

比如,辅导者会问求助者:"为什么人们必须公平地对待你? 这是谁规定的?""如果你一次考试失败了,怎么就能证明你就是一个笨蛋呢? 以往考试的成功又说明了什么呢?"

2. 合理情绪想象技术:这种技术主要被用来帮助求助者建立健康的情绪模式。求助者将想象自己在现实生活中按照自己希望的方式去思考、感觉及行为的状况,辅导者还可以向他们说明如何想象在自己身上发生了一件最为糟糕的事情,想象自己在这种情境下如何感受到了那种不健康的沮丧,如何激烈地体验这一感受以及如何将这种体验改变为更健康的积极感觉。

**【案例】**

辅导者:好,现在闭上你的眼睛,尽可能坐得舒服一点……现在开始想象,你正和一些同学在一起,其中有认识的,也有不认识的,有男生,也有女生,你坐在他们中间。尽可能想象得像真的一样……现在继续想,有几个人好像在议论你,用那种眼神看着你,好像你有什么特别的地方。慢慢地,越来越多的人都对你流露出讨厌的神情……尽可能生动地想象这些情境,能做到吗?

求助者:……嗯,我在努力这样做。

辅导者:现在你有什么感觉?

求助者:我快要受不了了,那么多人在议论我、讨厌我……真的很难受。

辅导者:继续想象,你现在体验到什么?

求助者:我感到很害怕,很伤心,也很焦虑。

辅导者:是的,你经常会体验到这些情绪。但是你现在把这种情绪转变为仅仅是一种失望和遗憾。仍然保持刚才的想象,但你仅仅感到失望和遗憾。能做到吗?

求助者:我在努力……但是,很困难。

辅导者:他们只不过是不喜欢你而已,有什么理由必须让别人都喜欢你呢?即使他们真的不喜欢你,那又怎么样呢?你不是还好好地坐在这里吗?并不是真的受不了,对不对?你只是对他们的反应感到失望而已……现在的感觉怎么样?

求助者:好一些……对,我只是感到有些失望。我在告诉自己,他们不喜欢我,但这没什么关系。

辅导者:好极了!现在停止想象,告诉我你是如何改变最初那种感觉的?

求助者:虽然他们不喜欢我,但我并不会因此而死去,正像你说的,我还好好地坐在这里。看样子,我把问题想象得太严重了。

辅导者:很好!你能讲一讲你从刚才的练习中都获得了哪些东西吗?

求助者:我想是因为我的想法的改变才使我不再感到那么伤心和焦虑。事情不是像我想的那样糟糕,只要我不去想别人到底怎么看我,我就会觉得自己还行,当然,可能不是像我希望的那样好,但是我想这会改变的。如果我仍像以前那样想,事情就可能变得越来越糟。

辅导者:好极了!你已经发现了你以前想法中不合理的地方,并在努力用新的想法来代替,这正是我们要做的。如果你能去亲自实践,你就会发现自己进步得更快。

3. 家庭作业:合理情绪自助表以及其他行为技术

合理情绪自助表(RET自助表)是认知性的家庭作业的常用方法。先让求助者写出事件 A 和结果 C,然后从表中已列出的十几种常见的不合理信念中找出符合自己情况的 B,或写出表中未列出的其他不合理信念,要求求助者对 B 逐一进行分析,并找出可以代替那些 B 的合理信念,填在相应的栏目中。最后一项,求助者要填写出他所获得的新的情绪和行为。完成 RET 自助表实际上就是一个求助者自己进行 ABCDE 工作的过程。

表 5-4 合理情绪自助表

| A | 诱发事件 | 老师总是不给我机会表现自己 |
|---|---|---|
| C | 后果或情况 | 为了表示我不在乎,我故意不参加活动,但是心里充满了愤怒和怨恨 |
| B | 信念 | 我必须受到我看重的人的赞赏 |
| D | 辩论 | 凭什么老师就一定要赞赏我 |
| E | 有效的理性信念 | 我希望受到老师的赞赏,但也不是非得如此 |
| F | 感受和行为 | 我会尽力去做自己该做的事 |

合理情绪疗法也会运用到其他行为技术,包括放松训练、系统脱敏、自我管理技术等等。

## 三、焦点解决短期心理辅导

### (一) 基本原理

以社会建构主义为基础的焦点解决短期心理辅导强调并重视个人经验建构的过程与意义,认为人们通过语言的过程建构了个人的真实,而个人的知识会驱使人们对自己的经历进行建构、创造、支配及赋予意义。

焦点解决短期心理辅导是由 Steve de Shazer,Insoo kim Berg 等人由短期家庭治疗发展而来的以解决为导向的辅导。它与以问题为导向的传统心理辅导有很大不同,以问题为导向的心理咨询与辅导视咨询师为专家角色,咨询与治疗过程聚焦于诊断求助者的病症与缺失,深入探讨求助者的问题,并且追溯问题的成因与过去的一切。而以解决为导向的心理辅导,则视求助者为自身的专家,咨询过程聚焦于改变如何发生以及改变的可能性,探讨求助者的目标、资源、例外正向经验与未来愿景。

焦点解决短期心理辅导有一些基本的假定,如下:

（1）人们拥有解决自身问题所需的能力。

（2）来访者是自己的专家,咨询师是合作者。

（3）例外带出问题的解决。

（4）小的改变会带来大的改变。

（5）解决之道不见得一定会与问题有直接的关联。

（6）没有问题就不必处理。

（7）方法有效就多做一点,无效则改用别的方式。

（8）咨询目标应是可行的、实际的、具体的、步骤化的、正向语言叙述的。

**（二）操作程序**

焦点解决短期心理辅导是一种建构解决之道的辅导方式,会谈过程有一定的结构性,主要包含两个部分:第一部分,在求助者的主观架构中,发展出积极有效的目标,具体是指正向描述的、小的、具体的、可以开始有点不同之外的目标。第二部分,以例外为根基,发展出多元的解决策略,而例外是问题不发生或是比较不严重的时刻,理想上,积极找寻的例外,是与求助者的目标相关联的。

为了建构解决之道,焦点解决短期心理辅导可分为几个基本的阶段:

1. 问题描述阶段

通过询问求助者的求助动机,提供给求助者描述问题的机会。虽然辅导者需要询问一些问题的性质与事件的细节,但是却不会太多去探究问题的成因,而且,在倾听求助者诉说问题的同时,思考的是如何引导会谈的下一步对话朝着解决导向的方向前进。因此,这一阶段,焦点解决短期心理辅导所花的时间比问题导向的辅导所花的时间要少很多。

所以,在求助者描述问题时,辅导者可以先询问求助者对问题的知觉,并且尊重求助者所使用的描述方式与语言,但是接着则会探索:这些问题是怎么会对求助者造成影响的? 求助者曾经试过什么方法? 求助者希望最先去处理的、最重要的主题是什么?

2. 发展出积极有效的目标

辅导会谈是有方向性的,求助者的目标即是方向。积极有效的目标有几个特质,如:对求助者是重要的,是具有一些挑战的,是动态的,是具体可测量的,是考虑到情境的,是考虑到求助者角色的,是符合现实条件的,是正向语言描述的,是初步的尝试而非最后的结果。

辅导者要在尊重求助者的前提下，以好奇、关怀的态度，提高求助者的合作与动机。要了解与扩展求助者的目标，常用奇迹式问句探索："如果问题解决了，你认为你的生活将会有什么不同？"这样的提问更容易帮助求助者确定积极有效的目标。

3. 探索例外

此阶段集中寻找与探索求助者生活中的各种例外经验，并且引导求助者思考如何能让这些例外经验发生。由于求助者往往不易看到例外的存在，辅导者需要去辨识与发现求助者偶发的例外行为，使求助者能有意识地使这些例外再发生，或者辅导者可以通过对一些例外经验的深入分析，提取出更多的成功要素，以提供求助者参考。所以辅导者常询问求助者："什么时候这个问题没发生，或是情形稍微好一点？你是怎么做到的？"

4. 会谈结束前的反馈

在每次会谈结束前 10 分钟，让求助者休息 5—10 分钟。期间辅导者可整理对本次会谈的想法。在休息结束后，根据前述的目标与例外的内容，辅导者根据求助者所看重的部分，为求助者提供一些组合着赞美与任务的信息。

赞美，是肯定求助者已经做到的，有利于问题解决的部分或其成功与优点所在；赞美会带来希望感，也为下一步的建议铺路。任务，则是配合求助者的问题与目标，提出有助其问题解决的行动，包括需要多做的行为、可尝试做的不同方法、新的思考推论方式，以及多去观察的任务等，以提高求助者成功完成其目标的概率。

5. 评量求助者的进步

对于求助者是否满意于寻求解决之道的过程与结果，经常被辅导者评量，所以辅导者常自问也常询问求助者：什么地方变得好一些了？

在此阶段，评量性问句也可用来了解求助者对会谈的整体评估及进步的程度。例如，请求助者以 1—10 分自评，10 表示对自己很满意，1 表示不满意，求助者改变了几分？是如何做到的？到几分就觉得可以停止会谈了？这样，能鼓励求助者多采用有用的方式，也能帮助辅导者更为具体地了解求助者的主观看法，并从中探求例外或结束辅导的可能。

**（三）主要技术**

焦点解决短期心理辅导的技巧，都是为了帮助求助者改变无效的解决问题方式，发展出有效的、有希望的解决问题形态，并试图帮助求助者从更积极的角度看到各种可能性与选择自主权的存在。

1. 正常化的共情

将求助者所说的内容以"过去式"进行反应，暗示现在的负向感受可以成为过去，如"你曾经觉得自己很失败"；把求助者所用的含绝对性、强烈性的字眼，换成严重程度较低或发生比例较少的用字，如"每天"换成"有时"，或以"关心"、"在乎"取代问题；将求助者认为的负向事实改为主观的部分觉知，并加上"你说的"、"似乎"、"看起来"、"变得"等词，暗示一切负面感受只是暂时性的、仍可改变的；用正常化来表示来访者所提及的任何负面感受，是在相同处境下的人皆会有的反应，如大多数的在这种情况下都很难对此视而不见。

2. 重新再架构

重新再架构又叫积极再定义，辅导者就求助者所描述的事件，重新诠释，赋予新的正向意义，或是特别强调及反映其中正向的价值。如求助者觉得老师总是在挑他的毛病，辅导者的反应是："这个老师总觉得你可以通过努力变得更优秀。"

3. 例外架构

辅导者引导求助者去看到问题不发生、问题不太严重的部分，经开发过去成功的解决方式，使求助者有意识地注意到自己过去是如何成功的，让求助者从注意问题的严重性转而看到问题解决的可能性。催化求助者去看到例外的存在，才能激发求助者的能力、力量与信心，更懂得有意识地来选用这些成功的方法，这个过程也是通过辅导的提问来进行，如：

"问题何时没有发生，那时的成功方法是什么？"

"过去曾经试过有一点点成效的方法吗？那时你做了什么让自己有一些改变？你是如何做到的？"

"你做了什么，使得问题没有更糟？"

4. 假设解决架构——探寻目标

引导求助者假想未来问题已经解决的远景，鼓舞求助者拥有希望，并由未来的远景中找到从现在可发展到未来的可能路径，以及现在就可以开始做的步骤。

奇迹式问句："有一天，你睡觉醒来，有一个奇迹发生了，问题解决了（或你看到问题正在解决中），有什么事情会不一样？你不必跟你的父母说，他们就知道了，他们是如何知道的？那时你又会做些什么？有这种新的很不错的感觉后，你又会做些什么？谁会因此有什么改变呢？"（关系导向问句）

水晶球问句:"如果你面前有一个水晶球,可以看到你未来的生活,你想我们会看到你现在的改变如何发生作用呢?"

5. 评量性问句

评量性问句是一个很有用的评量工具,可以引导出求助者的理想远景,并化成具体可掌握的小步骤,在肯定、了解求助者到目前为止的状况与努力的同时,还可以提供求助者一种前进的动力,思考下一步的具体行动。再者,将求助者的感受、态度、动机、想法等抽象的状态变成具体的量化资料,可以帮助求助者自我澄清,帮助他们表达出难以说明的内在状况或目标,同时也能协助辅导者理解求助者以及评估辅导的工作成效与可努力的方向。例如:

辅导者:"如果以1—10来看,10表示你想要达成的境界,1表示最不好的情况,你目前是几分?"

"你做了什么让你可以达到(或维持)目前这个情况?"

"你是怎样让自己没有往下掉一格的?"

"如果你想要再进一格(或半格),你想你可以做些什么?"

"这跟上个月的评量有何不同,你是怎么让自己进步的?"

6. 外在化问句

求助者通常会将问题认定为等于自己的全部,焦点解决短期心理辅导会用外在化问句,将求助者与他的问题分开。比如"你为什么会这么生气?"改为"你觉得生气是怎么控制你的?"或"你怎么做可以不让生气来干扰你?"

7. 应对式问句

询问求助者一些很小的、常视为理所当然的行动力是如何来的,从而激发来访者的个人能量。如:

"今天是如何起床的? 如何走到咨询室的?"

"你是如何熬过难过的时候? 如何支撑自己走过来? 你是怎么做到的?"

8. 追踪性问句

在求助者找到一些解决办法时,辅导者还可以追问求助者的下一步行动,以增强求助者离开后的改变动力。例如:

"离开咨询室后你会尽快去做的一件事是什么?"

"你预期自己会如何提醒自己继续保持下去?"

"你如何让这样美好的事情再发生?"

"你如何避免这种困境再发生?"

9. 增加可能性的语句

辅导者运用语言的暗示,催化求助者接受各种可能性的存在,以动摇求助者觉得自己毫无选择余地的错觉。如:当求助者描述现在的不好情形,辅导者加入"目前"、"尚未"的用句,暗示来访者未来可以改变。当求助者用有问题的语言叙述时,辅导者改以正向或未来目标的语言回应。

来访者:我活得很没有意义。

治疗师:你希望能找到自己活着的目标。

当来访者以无望的语言叙述时,治疗师以"若有改变即是进展"的语言回应。

来访者:我老是会想到这种创伤事件。

治疗师:所以,当你能够逐渐较少想到这种创伤事件时,就表示你有进步了,可以把时间用来做其他想做的事了。

10. 正向隐喻与故事

辅导者可以在会谈的关键时刻提出他觉得求助者的情况让他突然联想到一则具有正向意义的比喻或是别人走出类似挫折的经验。如:

"虽然你觉得这件事让你变得好像躲在墙壁后难过,不易信任别人,但是它很像是一个城堡的围墙,在你和别人相处时,区分隔离出你的独立性与隐私性,而让你更懂得保护自己,也让你懂得选择何时开城门,让安全的人进来。"

## 本章小结

1. 个体心理辅导是学校心理辅导中的一种很重要的形式,其过程分为开始阶段、指导与帮助阶段、巩固与结束阶段,每一阶段都有其需要完成的任务。

2. 个体心理辅导的会谈技术包括非言语技巧与言语技巧。言语技巧主要有倾听与影响两大类。倾听技术主要用来了解及澄清求助者的问题,而影响技术目的在于进行问题干预。

3. 个体心理辅导的常用方法包括行为干预技术、理性情绪疗法以及以社会建构主义理论为基础的焦点解决短期心理辅导。在使用过程中,可以根据学生的具体问题融合多种理论与技术。

## 思考与讨论

1. 简述个体心理辅导过程中各阶段的任务。
2. 常用的倾听技术与影响技术有哪些？
3. 行为干预技术与理性情绪疗法各自擅长解决怎样的学生问题？
4. 如何运用焦点解决短期心理辅导的技术解决自身的问题？

# 第六章　团体心理辅导

【学习目标】

1. 掌握团体心理辅导的基本概念及分类。

2. 掌握团体心理辅导与个体心理辅导的不同。

3. 掌握团体心理辅导方案的设计、实施及评估。

4. 掌握团体心理辅导的方法和技术。

## 第一节　团体心理辅导概述

### 一、团体及其常见类型

提到团体,大家一定会想到我们的班集体,也会想到一个球队的队员……团体是一群人在同一目标的指引和同一规范的约束下,彼此影响、相互作用和协同活动的一个组合。

团体有不同的类型,以下介绍几个与心理服务有关的团体类型:

教育团体。该团体领导者的职责是提供关于有效学习方法的建议和观念,并在团体成员之间进行交流。教育团体能够解决的问题包括:帮助学生学会学习技巧;帮助青春期学生了解人际交往的良好策略。

讨论团体。该团体的焦点通常是某一话题而不是任何成员的个人问题,其目的是为参与者提供交流想法和交流信息的机会。比如:读书俱乐部,休闲方式讨论,足球沙龙等等。

任务团体。该团体完成特定的任务,目标明确。任务团体的成员包括如与某学生的治疗有关的全体专业人员;讨论控制校园暴力的方法的老师和学生们。

成长团体。该团体中,团体成员有机会探索和发展个人目标,改变生活风格,更好地与他人沟通。比如青少年社交活动团体;自尊团体等等。

咨询与治疗团体。团体成员们由于生活中的某些问题而来求助。比如有考试焦虑问题的学生团体;被诊断为有情绪障碍的患者等等。

支持团体。该团体成员经常交流思想和感受,帮助彼此检验某些问题和忧虑。比如,癌症患者团体或是亲人正在面临死亡威胁的团体等等。

## 二、团体的特征

团体一般具有以下四个方面的特征:

首先,团体是个有序的组织,不是一群人凑在一起就可以称作团体。团体中的组织性由三种要素决定,即角色、规范和成员间的关系。每个成员在团体中都在扮演一定的角色,比如,在班级群体中,有的是学生干部,有的虽不是班干部,却时常扮演着活动组织者的角色等等。规则,是群体成员遵循的行为准则,它保证了团体目标和利益的实现。成员间的关系也会对团体的效能有很大的影响,成员间关系是紧密型的,还是松散型、权威型、民主型的等等,都会使团体表现出不同的特点。

其次,团体有一定的目标。团体通常是为了某种目的而存在的,成员聚集在一起来完成他们独自无法完成的目标。在现今社会里,有越来越多的事是无法由个人来完成的,而要靠群体的力量。在团体中,成员们共同解决问题、沟通观念,甚至使个人获得安全感、自尊和爱的力量。因此,在实现群体目标的同时,也满足了个人的心理需求。

再次,组成团体的各个成员都具有团体意识。每个成员都能意识到自己是团体的一员,意识到其他成员的存在,与他们相互影响,建立起相互依存的关系和情感。

最后,团体成员之间会具有紧密的社会互动。团体成员通过语言和非语言方式,相互交流,彼此分享感受,相互启迪。互动是团体达到目标的重要条件,互动促进了个人对自己和他人的觉知,并从中得到支持、反馈,从而获得成长。

基于团体的这些特征,团体辅导是指在团体领导者的带领下,团体成员围绕某一共同关心的问题,通过一定的活动形式与人际互动,相互启发、诱导,形成团体的共识与目标,进而改变成员的观念、态度和行为。学校团体辅导中的领导者,一般由心理辅导教师担任。

## 三、团体心理辅导的基本原理

团体动力学由心理学家勒温（Kurt Lewin）建立，它是团体心理辅导的重要理论基石。

勒温在 1939 年发表的《社会空间实验》一文中，首次提出团体动力学（group dynamics）这个术语。团体动力学的研究对象是以人与人的面对面直接接触关系为特征的小型团体。研究内容包括团体气氛、团体成员间人际关系、领袖与领导方式、团体中成员间的凝聚力、团体决策过程等等。

团体动力学的主要思想包括：第一，团体不是个体的简单相加，它是在一定的生活空间里的一个完整的系统。团体它不是由各个个体的特征所决定的，而取决于团体成员相互储存的那种内在关系，每个成员的状况与行动都同其他成员的状况与行动密切相关。第二，团体具有改变个体行为的力量。要改变个体应该先使其所属团体发生变化，这远比直接改变个体来得容易。第三，团体决策具有动力作用。单有团体成员的变化动机还不能引起团体行为的变化，还需要有足以打破社会习惯和解冻团体原有标准的力，团体决策就可以起到这种力的作用，它是团体促进个体变化的一种重要动力。

由上可知，团体具有吸引各个成员的内聚力，这种凝聚来自于成员们对团体内部建立起来的一定的规范和价值的遵从，它强有力地把个体的动机需求与团体目标结构联结在一起，使得团体行为深深地影响个体的行为。团体内有个体所没有的动机特征，这为调动同伴群体的教育资源，开展学校团体辅导活动提供了理论依据。

## 四、学校常见的团体辅导模式

学校中常见的团体辅导有三种模式：小组辅导、班级辅导、心理辅导活动课程。小组辅导一般 6—12 人，班级辅导活动和心理辅导活动课程则是以班级为单位的集体辅导活动，是团体辅导的两种变式。任何方式都有其适宜解决的问题，辅导者可根据需要选择合适的团体辅导模式。表 6-1 对比了三个模式在成员性质、辅导取向、规模、活动结构与承担者方面的不同。

表 6 - 1　学校中的团体辅导模式

|  | 小组辅导 | 班级辅导 | 心理辅导活动课程 |
|---|---|---|---|
| 成员性质 | 同质或者异质 | 异质 | 异质 |
| 辅导取向 | 矫治性或发展性 | 发展性 | 发展性 |
| 规模 | 规模小 | 规模大 | 规模大 |
| 活动结构 | 结构性 | 非结构 | 结构性 |
| 承担者 | 专职辅导教师 | 班主任或辅导教师 | 班主任或辅导教师 |

# 第二节　团体心理方案的设计与实施

团体辅导的实施一般按以下步骤展开：确定团体辅导活动的主题和目标；设计团体辅导活动方案；甄选团体成员；实施团体辅导计划；进行团体辅导评估。

## 一、团体心理辅导的目标与主题

### （一）团体心理辅导目标的类型

学校团体心理辅导可以实现不同的目标，一般可以将辅导目标分为以下三大类：

第一类是以开发潜能，健全人格，增进心理健康为目标的。学校里的团体辅导大多数属于这一类，它面向全体学生。

第二类是以敏感性训练为主，以训练如何有效地处理人际关系、增进生活技能和社会适应。这类团体辅导主要面向企业、政府机关以及社会团体的管理人员、经营人员等等，当然也常常在学校得到运用。

第三类是以矫治性为目标，以解决参与者已经形成的心理冲突和困扰，主要用于医疗机构或者专业心理咨询机构。学校里针对少数学生的行为和情绪矫治，也可以归为这一类。

### （二）如何确立团体目标与主题

目标是对团体辅导活动过程的预期，是集体活动的导向，团体辅导活动的内容和形式都是围绕目标制订的。同时，目标又对团体成员起到凝聚作用，团体目标与成员

的主观需求密切相关,其一致性越高,目标的凝聚力越强。因此,在学校团体辅导中,建立活动目标和主题应该注意以下几点:

主题应与学生成长密切相关。学校团体辅导常常围绕下列目标和主题:自我意识(包括缺乏自尊、自信,过分依从或者盲目自大等)、情绪困扰(包括情绪不稳,情绪调控力差,不善于表达自己的喜怒哀乐,过于焦虑忧郁)、人际关系(包括对人缺乏信任、多疑、不善于与人合作、社交退缩、难以与人亲近等)、学习行为(包括不良的学习习惯和学习方法等等)。上述这些具体目标都是从问题出发,属于矫治性目标。

目标应明确具体。活动目标切忌笼统抽象,如"调适不良情绪",这句话太含糊,不如改为"认识不良情绪对自己生活、学习所带来的危害,寻找缓解和消除不良情绪的几种方法,增强对情绪的调控能力"。目标越具体,就越容易在行动上实践,越容易进行评估。

选择学生关注的主题。在设计活动方案时,首先要了解学生的真实想法,他们希望从团体辅导活动中学到什么? 想解决什么问题? 在此基础上,与学生一起磋商可能形成的主题,大家探讨出来的主题,更容易被学生看作是"自己的"主题。一般中学生比较喜欢的主题包括"怎样提高学习效率? 在学习的过程中不分神?""如何跟异性同学交往?""怎样让同学能接受和喜欢自己?",等等。

## 二、团体心理辅导的方案设计

### (一) 设计团体心理辅导方案的要点

团体心理辅导目标确定后,就可以着手设计活动方案,这是心理辅导教师最能发挥创造性的一个环节。设计活动方案时要注意以下几点:

第一,活动内容与目标要一致。比如,要设计培养学生社会交往能力的辅导活动,可以设计姓名卡、找朋友、心灵电报、角色扮演等活动,帮助学生战胜羞怯,大胆交往,帮助他们了解人际交往过程中自己与他人的态度与反应,并做积极的尝试和调整。而对于增强团体凝聚力的辅导活动,则可以设计一些具有对抗性与竞争性的分组活动,让成员了解自己在团队中的角色,提高成员对团体的认同感,增进团队精神。

第二,进行系列活动设计。很多要解决的问题都无法通过单一的一次活动解决,需要设计一系列的辅导活动。每个活动之间需要有一定的关联,通过合理的活动设计,以浅入深,步步推进;也可以结合一定的心理学理论,分不同阶段处理不同的主题,最终达到团体总体目标。比如,对于"认识自我"这个主题,根据库利的观点,"自我"包括三个方面：一是"自我"在别人心目中的表现，二是别人对"自我"的评价，三是本人的自我评价。因此，在设计活动方案时，可以考虑将活动分为三个单元来完成。

第三，了解学生实际，提高活动内容的适切性。在设计活动时，很多老师喜欢直接在网上搜索各类团体活动，然后觉得哪个有意思，就把哪个活动直接拿到自己的方案里来用，虽然可能会具有一定的趣味性，但究竟是否适合解决团体目标所涉及的问题，究竟是否能让辅导对象有深切的体验，却不得而知。所以在设计活动之前，一是要走近学生，向他们了解情况，二是要让活动内容为目标服务，切不可为活动而活动，忽略团体目标。

**（二）团体心理咨询方案的具体内容**

1. 团体性质与团体名称。团体性质包括说明该团体是结构式、半结构式还是非结构式的；是发展性、训练性还是治疗性的；是开放式团体还是封闭式团体；是同质团体还是异质团体等。团体名称包括学术性名称及活泼化宣传用的副标题，如"我爱我家——班级团队建设"。

2. 团体目标。团体目标包括整体目标、阶段目标和每次聚会的具体目标，具体而言，指经过团体辅导后，成员在认知、情绪和行为方面应达成哪些改变。如一个"自我肯定团体"的目标被确定为：第一，协助成员了解自我肯定的意义，以及自我肯定和生活发展的关系；第二，帮助成员探索个人行为模式，并找出日常生活中自己无法自我肯定的原因；第三，设计安全的情境，帮助成员学习新行为。

3. 团体领导者。团体方案中需要明确团体领导者的基本资料，如领导者与协同领导者是谁；他们的基本经验与背景是否适合；受过何种团体训练；带领过哪些团体。此外，为保证团体的效能得以实现以及成员的利益不受损害，有条件的情况下，最好能聘请具有心理咨询理论基础，有团体经验且曾受过督导训练的专家担任督导员，以随时为团体领导者提供专业性的指导。

4. 团体对象与规模。团体计划书要明确团体招募成员的类型、来源、人数、招募与甄选方式。成员的类型包括性别、年龄、身份、问题性质等。而对象的确定是与团体目标密不可分的。团体规模也会直接影响团体辅导的效果，团体大小可以根据以下几个因素而定：成员的年龄及背景；领导者的经验及能力；团体的性质与类型；成员问题的类型等。

5. 团体活动时间及频率。这包括团体时间的总体安排、何时进行、所需时间、每周几次、每次多长等。团体心理辅导的组织方式主要有两种，一种是持续式团体，一种是集中式团体。一个团体持续多久为好,多长时间聚会一次,每次多少时间,取决于团体的类型及成员。一般认为,8—15 次为宜,每周 1—2 次,每次 1.5—2 小时,持续 4—10 周左右。成长团体、训练团体、人际关系团体和会心团体可以次数少一些,如 8—10 次,而治疗性团体可多一些,10—15 次。对于中学生而言,针对他们的年龄特点和时间限制,最好活动次数较多,而每次时间较短,如 1—1.5 小时。

6. 理论依据及参考资料。团体设计必须有理论支持,这是团体方案形成的关键。因此,一个团体方案可以视为团体领导者依据其所选定的理论设计出来的,可以是依据咨询心理学的流派,如人本主义治疗、理性情绪治疗、行为主义治疗等选择设计而来,也可以根据某些特定对象的适应理论,如针对中学生提高学习效率的目标,根据时间管理理论设计的训练方案。团体方案依据的理论模式不同,团体形式、介入处理的原则与具体的步骤也就不同。如果团体方案没有理论支持,团体咨询各种活动和过程就缺乏内在的逻辑联系,难以达到团体目标。此外团体计划书须详细列出引用文献、参考资料、参考方案等。

7. 团体活动的场所。团体活动的场所包括活动场所的布置、陈设、座位安排、舒适程度、温度、灯光、色彩等等。对团体活动的场所的基本要求有:避免团体成员分心,也就是要使团体成员在没有干扰的条件下集中精神投入团体活动;有安全感,能够保护团体成员的隐私,不会有被别人偷窃、监视的感觉;有足够的活动空间,可以随意在其中走动、活动身体、围圈坐;环境舒适、温馨、优雅,使人情绪稳定、放松。

8. 团体评估方法。团体心理辅导是否达到预期目标,团体成员的反应是否满意,团体领导者的工作方法与技巧使用是否恰当,团体内成员的合作是否充分,今后组织同类团体心理辅导可以做哪些改进,团体评估必不可缺。团体评估的方法因团体目标不同、层面不同、类型不同、对象不同而有区别。一般而言,团体评估包括过程与结果评估、团体互动状况与个别成员评估、评估方法或工具及预定评估的时间等。

9. 团体方案

完整的团体方案包括总体方案设计、团体流程设计、单元执行计划设计,乃至每次具体活动如何组织实施。方案中需注明各次聚会的单元名称、单元目标、预定进行的活动名称,并且具体详述每次聚会的单元名称、目标、时间安排、预定活动内容、步骤、方式及所需器材等。(见表 6 - 2、6 - 3、6 - 4)

一般来说,每次团体活动都会包括三个部分:热身活动(大约 10—20 分钟)、主要活动(大约 30—90 分钟)、结束活动(大约 10—20 分钟)。

表 6－2　团体方案设计表

| 一、团体名称： |
|---|
| 二、领导者：<br>团体经验简介<br>督导员：<br>学历经历简介：<br>观察员： |
| 三、成员性质：<br>人数：<br>筛选方式： |
| 四、团体聚会时间：<br>聚会次数：　　每次　　小时；合计　　小时 |
| 五、团体理念： |
| 六、团体目标：<br>（一）<br>（二）<br>（三） |
| 七、团体评估计划：包括过程与结果评估、团体互动状况与个别成员评估、评估工具<br>项目一：<br>评估方法或工具：<br>预定评估时间：<br>项目二：<br>评估方法或工具：<br>预定评估时间<br>项目三：<br>评估方法或工具：<br>预定评估时间 |

表 6-3　团体过程设计表

| 次数 | 单元名称 | 单元目标 | 预定活动内容 | 所需材料 | 时间 | 备注 |
|---|---|---|---|---|---|---|
| 一 | | | | | | |
| 二 | | | | | | |
| 三 | | | | | | |
| 四 | | | | | | |
| 五 | | | | | | |
| 六 | | | | | | |
| 七 | | | | | | |
| 八 | | | | | | |

表 6-4　团体活动单元计划表

| 第　单元 | 单元名称： |
|---|---|
| 聚会时间 | 　年　月　日　午　时　分至　时　分 |
| 单元目标 | |
| 预定活动内容、步骤或方式 | |

10. 其他

包括团体经费预算表、广告等宣传品、成员申请报名表、成员筛选工具、参与团体契约书、团体评估工具以及其他相关资料。如活动中要用到图、表、文章等资料,录音机、录像机等设备,均应准备充分,以备使用。

## 三、团体成员的选择与发动

团体成员参加团体辅导主要有三种途径,一是通过宣传,成员自愿报名参加;二是辅导教师根据平时咨询情况,选择有共同辅导需求的人,建议他们报名参加;三是其他渠道,如班主任介绍或者其他辅导教师转介而来。

不论是哪一种途径选择参加团体辅导,团体成员都需要具备三个条件:一是团体成员有改变自我现状的强烈需求;二是成员愿意与他人交流,并具有与他人交流的能力;三是能够坚持参加团体活动全过程,并遵守团体的各项规则。

团体辅导的效果与团体成员参加辅导的主动性与积极性有密切的关系,因此,在团体辅导过程开始之前,还可以采取以下方式保障团体成员在对团体辅导有更多了解的基础上,提高他们投入的积极性。

1. 阅读材料

在团体辅导活动开展之前,团体领导者可以给成员推荐一些阅读资料,如团体辅导活动目标的解释与说明,团体辅导活动计划,团体辅导所使用的技巧和程序,团体中成员的责任等等。

2. 观看影像资料

团体领导者可以组织成员观看与团体活动有关的录像、电影,使成员尽快了解团体辅导活动的实际情况,做好心理准备。有关资料表明,与没准备的团体相比,有准备的团体成员对团体更有信心,人际互动更为积极。

3. 面谈

面谈是团体领导者与申请加入者双方选择的过程。一方面,团体领导者要向申请加入者作出保密的承诺,解除申请者不必要的思想顾虑;另一方面,可以了解申请者参加团体辅导的动机,必要时可以作解释、澄清和建议。

4. 签订契约

契约是指团体成员与团体领导者之间的协议,主要是为了引导团体成员达到团体目标。契约规定了团体成员的权利和责任、团体内部必须遵循的规则。签订契约的过程是一个协商的过程。通过协商加强了团体成员和团体领导者之间的沟通,协商体现了团体成员与团体领导者之间的平等。

5. 召开预备会

在预备会上,团体领导者要让每个人都说说参加团体的目的、期望,然后向成员说明团体的目标,团体活动安排,回答成员提出的问题,澄清不正确的观念,建立基本的团体规则。

## 四、团体心理辅导的实施过程

团体心理辅导可分为创始阶段、过渡阶段、工作阶段和结束阶段,每个阶段都有其独有的特征,因此也需要团体领导者了解这些特征,并完成各阶段的主要的任务。

### (一) 团体创始阶段的特点和主要任务

团体创始阶段的第一个特点是团体结构比较松散,团体成员还不了解在团体中他们能够做什么,什么是团体中不允许的,成员在小心地进行探索;第二个特点是人际沟通表面化,成员开始接触、互相认识,但同时也不想太亲密,还要保持距离以保护自己;第三个特点便是成员会产生多种情绪体验,一方面成员对于将对他们有影响的团体经历充满希望,另一方面,他们也会产生害怕和未知的焦虑,如成员会产生许多疑问:如领导者是否喜欢我? 我在团体中所说的话是否会被人笑话? 他们真的能帮助我解决问题吗?

创始阶段领导者的任务包括:

1. 建立信任感

在团体开始阶段,有些成员常担心自己的言行会不会被他人接受而小心翼翼,领导者需要鼓励成员表达他们的感受,表达出自己在团体里的担心、困惑和不安等情绪,使成员了解到,接纳自己和别人的感受是正常的。如果成员看到表达消极或负性的情绪是可以接受的,他们就会更努力地探索对自己有意义的事情,更容易表达在团体中的感受和看法。领导者热情、坦率的态度也更有利于成员建立对团体的信任感。

2. 确立团体目标和个人目标

领导者向成员阐明团体的目标,并帮助成员确定、澄清和建立有意义的个人目标,让成员认识到团体的目标是自我探索、自我尝试,通过参与此时此刻的活动,使自己被别人了解,激励自己和别人沟通,勇于冒险,给予并接受回馈,倾听别人的见解,对别人作出真诚、具体的回应,应付各种矛盾冲突,处理在团体中产生的各种情绪,实践新的领悟,把新的行为应用到团体之外。

领导者帮助成员确立目标时要注意:第一,目标要具体明确。目标越清晰,成员就越容易改变,如一个成员的个人目标是"我要和团体内三个陌生人建立友谊关系",而不是"我要改变自己目前的人际交往状况"。第二,目标要真实可实现。领导者要帮助成员认识他自己的努力,帮助他取得目标可用的资源和处理可能阻碍他实现目标的限制。第三,目标可以验证。领导者要鼓励成员回答"我通过什么验证我是否已经达到自己的目标?"让成员更深入地检查实际取得的结果,以便及时修正过于远大而不切实际的目标。

3. 形成团体基本规则

在团体的第一次活动中,领导者要帮助成员明确团体中的基本规则,如出席和缺席的情况,集会时是否可以吸烟或吃东西,成员的权力和责任,保密问题和限制等等。领导者以自己的行为严格遵守这些规则,有需要的话,某些规则可以反复提出,如某个成员在团体中表达了他的个人问题,团体结束时领导者可以提醒每个成员遵守保密的规定,不要因为好奇或热心而破坏了规定;当成员迟到的时候领导者除了询问原因之外,还可以再次重申准时出席的规定。当领导者对团体的规范作出清楚详细的规定并加以确定之后,团体成员将会适应这些规范,并肩负起自己的责任。具体的规则保障了团体的发展,保护了成员的利益。

4. 明晰团体中的责任

在团体中,领导者和成员都要承担团体发展的责任。领导者不要以为只是自己在对团体方向和效果承担责任,只是自己在采取策略使团体向计划书确认的方向发展。因为这种看法实际上剥夺了成员的责任。如果成员被认为是没有能力的,他们很快就会依赖领导者,放弃自己的责任。更多时候是成员不知道自己在团体中要担当哪些事情,需要领导者来明确告诉他们团体中的每个人对团体发展都有积极作用,团体需要每个人的积极参与和投入。

5. 签订团体契约

团体契约可以是口头的,也可以是书面的,视团体成员习惯或领导者的要求而定,书面的形式比较正规。契约的内容应包括成员的权利和责任,在团体内应遵守的规则等。

创始阶段团体成员的任务在于学习表达个人的感受和想法,愿意表达与团体有关的期望,参与团体规则的建立,了解团体的基本过程,用行动创造一种信任的气氛。

### (二) 团体过渡阶段的特点和主要任务

在团体过渡阶段,成员的一个普遍特点是焦虑和防卫不断增加,成员的焦虑源于害怕别人在超出一般公众认识的程度上了解自己,也产生于害怕被批评和被误解,也可能是因为缺乏对团体目标、规范、所期望行为的明确认识;第二个主要特点是成员会表现出对团体或团体领导者更多消极的评估与批评,成员会通过这种方式努力获得控制支配的权力,比如他们会频繁地讨论决策和责任分派的程序,以此争取更多的权力;第三个特点便是表现出一定程度的抗拒,以此使自己或别人避免对个人问题或痛苦体验作深入探索。

过渡阶段的任务包括:

1. 领导者最基本的任务便是协助团体建立自我表达的模式、提供鼓励和挑战。领导者可以通过对成员的共情,鼓励成员认识自己的焦虑、矛盾和挣扎,并协助其表达出来的方式,帮助成员学习面对和处理团体中的矛盾冲突。研究表明领导者的攻击性对质是团体中最大的危险,领导者不应在过渡阶段对成员进行强烈的对质干预,只有当团体出现充分的信任基础,成员们才可能开放式地接受对质。在过渡阶段领导者应尽力创造一种支持性和挑战性平衡的氛围。

2. 这个时期,团体成员的一个重要角色是要认识并处理各种形式的抗拒,他们的任务包括:认识并表达任何负性情感;尊重抗拒,但要解决它;从依赖向独立发展;学习如何以建设性的方式向别人提出问题;乐于面对并解决团体中发生的事件和矛盾冲突,而不是回避它们。

### (三)团体工作阶段的特点和主要任务

团体工作阶段会表现出团体凝聚力增加,这个凝聚力包括了团体对成员的吸引程度、归属感、包容和团结;团体成员对团体逐渐充满信心和希望,更愿意自我表露,以及做更深入的个人分享,也更认同团体和领导者;在团体中,成员间能彼此接纳各自的问题,相互帮助解决问题,也会将各自从团体中获得的感悟转化为行为和人格的改变。

团体工作阶段领导者的任务包括:

1. 协助成员更深入地认识自己,鼓励成员彼此尊重给予关怀,鼓励成员相互帮助。团体的特征之一是拥有多方面的信息和资源,所以领导者在协助成员进一步认识、接纳自己的同时,还应鼓励成员互为资源,鼓励他们分享自己的经验、知识和技能,彼此交流,相互帮助,因为每个人在帮助其他成员的同时,也能得到他人的协助。

2. 善用对质技术。团体进入工作阶段,开始有了足够的信任度,成员能够表露真实自我,当领导者和其他成员发现了造成该成员的困扰,即不一致、自我破坏、自我防卫或自相矛盾的行为,他们从爱护和协助的立场出发,通过对质使该成员正确客观地了解自己,并采取对自己适合有效的行动改变自己。

3. 协助成员把领悟转化为行为。成员通过在团体中自己的自省和别人的反馈,对自己和环境的关系有了新的了解和领悟。此时领导者应协助成员把这些领悟和认识具体化为行为,如某个成员领悟到自己的失败不是运气不好,也不是老师不公平,而是自己学习不努力时,如果只是领悟还不能改变他的情况,必须有实际行动才行,这时领导者可以鼓励成员尝试新的行为策略,协助成员将新的认识具体为行动。例如可以将"努力用功"具体化为:每天减少一个小时看电视的时间,多花两个小时阅读,养成上课做笔记的习惯等等,使成员实现学业进步的目的。

这个阶段团体成员的任务则包括全身心投入团体,坦诚讨论关心的主题,提供和接受回馈;承担部分领导功能,为其他人提供挑战和支持;努力在团体中作出行为改变,并在生活中实践新的技能和行为。

### (四)结束阶段的特点和主要任务

团体进入结束阶段,由于分离在即,成员会出现离别的伤感情绪,团体发展得越成功,成员依依不舍的情绪越强烈,也会出现离开这个团体回到自己的现实生活中的担心;另一个特点是团体联结出现松散,成员意识到团体就要结束了,每个人都在思考自己以后的打算,成员间互动频率和强度会降低,团体的影响力也会减弱,甚至会有人缺席。

团体结束阶段领导者的任务包括:

1. 认真处理离别情绪。领导者可以在团体结束前一两次就告诉成员团体即将结束,让成员在心理上有接受离别的准备,同时要鼓励成员将担心、伤感和失落表达出来,并提醒成员团体结束的积极意义。

2. 协助成员预备适应外界环境,并将学习成果应用到实际生活中。领导者可以带领成员讨论对现实社会的担心,互相支持。协助成员认真总结整个团体辅导的过程,鼓励成员将学习收获具体化,如用"我学会了听别人讲话,和人发生冲突时可以控制自己的脾气"代替"我在处理人际关系上有进步"这种概括的说法。领导者借此机会鼓励成员,协助成员做好行动计划,将团体中学习的成果真正用到现实生活中。

3. 处理尚未完成的工作。团体过程中,领导者或者成员有些预先要做的事情,或想做但来不及做的事情,需要在最结束的时刻处理。这里的处理并不是一定要实际解决,因时间的限制,更多是提供相关的信息,或提供继续学习或进一步服务的资源。例如,有些成员的问题没有时间探讨,或者探讨不充分,领导者可以这样表达"由于团体时间有限,我知道到今天为止,你们中有人仍然有很多问题因为没有足够的时间而无法彻底解决。我可以提供一种理论性的观点,你们可以利用它来思考自己的问题。我也会给一些成员提出相应的、有针对性的继续接受个别辅导的建议。"

4. 提醒保密。保密是团体最重要的原则,除了团体开始阶段要有保密的承诺外,领导者在整个团体活动过程中都需要不断提醒成员恪守保密原则。到团体最后结束时,领导者需要再次提醒大家遵守保密的承诺,即离开团体后,不议论和公开团体成员个人的隐私,继续尊重他人和维护他人的权益。维护他人的权益即是维护自己的权益,尊重他人也可以得到他人的尊重。

5. 评估团体效能。团体辅导是否达到预期目标? 是否有效? 团体成员是否满意? 今后组织团体辅导可以做哪些改进? 这是团体辅导结束阶段一项重要的工作。具体的评估方式和注意的问题会在本书后续内容中详细说明。

团体结束阶段,成员面临的重要任务是处理好自己离开团体的情绪,整理和巩固团体中的学习,并把所学到的内容迁移到日常生活中去。具体主要有以下几项:第一,处理对分离和结束团体的情绪;第二,准备把所学习到的知识、观念、态度、行为等推广到日常生活中；第三，对于在团体中未解决的问题，做好持续成长的准备；第四，评估团体对自己的影响和个人的实际收获；第五，对自己想要作出的改变以及如何实现这些改变作出选择和具体的计划。

## 五、团体心理辅导的效果评估

团体心理辅导评估的执行者可以是团体辅导的督导、领导者、观察员、团体成员、成员相关的重要他人。常用的专业评估方法包括行为计量法、标准化的心理测验、调查问卷等等。学校团体心理辅导效果评估可以分为过程性评估、总结性评估、追踪性评估。

过程性评估是指团体在进行过程中，通过观察、问卷等方法，了解成员在团体内的表现和团体特征，可以决定团体应该终结还是应该延续。根据评估情况，发现问题，改善团体过程。例如，我们可以通过"团体成员自我评估问卷"，了解团体成员的反应，估计团体发展的趋势，见表6-5。

表6-5　团体成员自我评估表

| 利用下面的句子，以1—5的尺度等级估量你自己参与团体的状况。 | | |
| --- | --- | --- |
| 1代表"我决不是这样"，5代表"我总是这样"。 | | |
| 1. 在团体里，我是一个积极投入的成员。 | ( | ) |
| 2. 我愿意完全投入团体，并且与大家分享。 | ( | ) |
| 3. 我认为自己愿意在团体里尝试新的行为。 | ( | ) |
| 4. 我愿意尽力表达自己的感情，就像其他人一样。 | ( | ) |
| 5. 每次团体讨论之前，我总会花些时间准备，结束也会反省自己的参与情况。 | ( | ) |
| 6. 我尽量以真诚的反应面对其他人。 | ( | ) |
| 7. 在团体里，我总是不断地追求澄清我的目标。 | ( | ) |
| 8. 我总是注意倾听别人在说什么，也会把我的感受直接地告诉他们。 | ( | ) |
| 9. 我会与别人分享我的想法，将自己如何看他们、如何受他们影响告诉他们。 | ( | ) |
| 10. 在团体里，我尽量使自己做别人的模范。 | ( | ) |
| 11. 我愿意参加团体各种不同的活动。 | ( | ) |
| 12. 我常会想要参加团体的讲座。 | ( | ) |
| 13. 不必等他人开口，我就会主动帮助他们。 | ( | ) |
| 14. 在团体建立信任感的过程中，我是采取主动的角色。 | ( | ) |
| 15. 我是在没有防卫的心态下，坦诚地接受别人的反馈。 | ( | ) |
| 16. 我尽量把团体里所学习到的东西，应用到外面的生活。 | ( | ) |
| 17. 我会注意自己对团体领导者的反应，并说出他们是个怎样的人。 | ( | ) |
| 18. 我会避免标定自己和团体其他的人。 | ( | ) |
| 19. 我会避免询问别人问题和给予他们忠告。 | ( | ) |
| 20. 我对自己在团体里的学习负责。 | ( | ) |

总结性评估是指在团体结束时所作的评估。总结性评估的内容包括：了解团体成员对团体的满意程度，对团体活动的看法，对团体的感受以及自己行为变化，以便团体领导者客观评估团体辅导的成果。可以采用团体领导者设计好的评估表，也可以采用定性评价的方法，如让成员写感想和收获等等，以此来评估团体辅导效果。

追踪性评估是指团体结束后，三个月至两年内进行的评估，目的是了解团体效果能否持续，是否对团体成员本人或者其社会环境产生有利和不利影响，同时也观察团体成员是否有满意的改变。

# 第三节　团体心理辅导常用技术

特罗斯(Trotzer，1977)把团体辅导技巧分为反应技术、互动技术和行动技术。

## 一、反应的技术

反应的技术目的是促进关系建立，鼓励成员开放、表达，以促进他们的自我探索。具体包括：

1. 积极倾听：这是团体领导者基本的技巧之一。通过"听"表达对成员的关心、尊重，也通过"听"了解成员的状况，并使成员有宣泄情绪的机会。首先，要倾听成员表达的内容，明显地表达了什么内容，隐含的意思是什么。其次，要敏锐地观察他们的声音、声调、表情、动作等表达了什么意思、什么情绪。

2. 同理心：这是表达了解、促进关系和自我探索的最有利的方法。同理心是领导者将心比心，设身处地地对成员的一种移情性理解，并把这种理解恰如其分地表达出来，让成员知道。领导者的同理心会加深成员对被接纳的感受，和对团体的吸引力，有助于他们继续自我探索。

3. 澄清：有些成员表达得不很清楚、具体时，容易造成沟通障碍。这时领导者应协助成员更具体、更明确地提供信息或表达意见。

4. 提炼归纳：团体中常常有各种不同的观点、意见，而成员们忙于分享、忙于听，所以常常无法记住很多细节内容，乃至遗漏一些重要的观点。领导者提炼归纳的工作对他们是有帮助的。例如，当成员们讨论意见很分散时，领导者可以把重点突出来，并引导更深入的讨论。"到目前为止,我们都在谈论日常生活中所要改变的,像小王和小陈谈到改变学习环境,小林希望与老师改善关系,也有人提到丰富一下自己的休闲生活。"提炼归纳常用于每次团体活动结束时,帮助成员回想团体里发生的事,鼓励他们去思考、回顾经验,并将学习的成果运用于现实生活之中。

## 二、互动的技术

互动技术,又被称作交互作用技术。它能促进团体的互动更有效,更富有建设性意义。具体包括:

1. 支持:是指给予团体成员鼓励和强化,尤其当他们表露个人的资料,探索痛苦的经验、感受或尝试需要冒险的行为时,给予支持,最能解除当事人的焦虑、担心,使他们愿意继续探索。例如:"小刘,你的话让我很感动,这正是你想突破自己的第一步。"另外,专注行为也是一种支持,如积极倾听、眼神、手势、表情等均表示支持。

2. 联结:将成员共同的感受或意见加以衔接产生关联,或把成员未觉察到的一些有联系的片断资料予以串联,增加彼此的认同感,使探索和互动更有意义。例如:"小方与小明对此事有相同的看法,都认为成长是需要付出代价的。"

3. 折中:为了确保所有的意见都有公平的机会被表达,这需要团体领导者公正、客观、不偏袒任何一方。因为,有时团体中某一种观点占了上风,会使一些持不同意见的成员怯于表达。此时,领导者不能失去客观立场,以保证不同意见的发表。

4. 阻止:这是指领导者防止某些团体中可能有害的行为,这需要领导者有敏锐的觉察能力。例如,某成员总是好奇地追问别人的隐私,领导者可以说:"小李,看得出来你对小范的事很感兴趣,但是在团体中每个人都有保护自己隐私的权利,我们应该尊重小范的权利和决定。"

## 三、行动的技术

这类技巧的主要目的是促成成员积极地行动。具体包括:

1. 发问:发问可以协助成员考虑个人观点和某些事先未曾想到的事,同时也可以打破沉默暧昧的情境。为了使讨论能够深入,尽量使用开放性的问题,以便引导对方具体、详细地回答和讨论,而少用封闭性问题。例如,某成员说:"我想他们不会再喜欢我了,我不知道该怎么办才好。"领导者说:"但是好像你也知道他们期待你怎么做,能否请你再谈谈。"

2. 调节:团体的气氛是变化的,过于严肃,容易使大家僵持;过于松弛,容易使目标不集中,这就需要领导者适时进行调节。例如,气氛太严肃,说个笑话,气氛就缓和了,效果就产生了。又如,领导者可以这样说:"我们一直在谈做教师的苦衷和困境,现在何不谈谈它的乐趣呢?"

3. 示范:领导者直接示范是成员学习或建立良好行为的有效途径之一。领导者在团体中表现出真诚、尊重、开放、自我肯定等行为,无时不在影响团体成员,是团体成员的学习榜样。

4. 建议:建议是为了协助成员发展另一种思考方向或行动计划。它有很多形式,包括提供信息,提供忠告,指定家庭作业,鼓励成员多角度思考问题。值得注意的是,建议不是向成员提供唯一的答案,而是一种启发。恰当的建议会促使团体成员走向独立。

# 第四节　团体辅导在中学生班级团体中的应用

## 一、中学生班级成员心理特点

### (一) 中学生的心理发展阶段与特征

要设计促进中学生心理健康发展的班级团体辅导方案,首先需要了解中学生心理发展所处的阶段以及他们共有的心理特征。

埃里克森认为,个体在出生后依靠与环境的接触和互动而发展成长,人的一生是一个连续不断的人格发展过程。在发展过程中,个人的自我成长需求在社会环境的限制下会产生一些"发展危机"。在不同的年龄阶段会产生不同性质的发展危机。埃里克森将人生全程按照危机性质的不同划分为八个时期,个体在每个时期都有其需要完成的特定的成长任务。中学生所处的阶段是人格发展历程中最为关键的时期,这个时期个体所面临的发展危机主要是"自我统合"和"角色混乱"之间的矛盾。

自我统合也称"自我同一性",是一种关于个人自我一致的心理感受,是一种关于"我是谁"、"我在社会上应该占什么样的地位"、"我将来准备成为什么样的人"以及"我怎样努力成为理想中的人"等等一连串的感受。埃里克森指出,这一时期的青少年,身心两方面都产生了很大的变化,个人开始从六个层面思考关于"自我"的问题:(1)我现在想要什么?(2)我有何身体特征?(3)父母如何期望我?(4)以往成败经验如何?(5)现在有何问题?(6)希望将来如何?把这六个问题思考的结果进行统合,然后来试图回答"我是谁?"和"我将走向何方?"两类大问题。中学生如果不能对自我进行有效的统合,就会导致"角色混乱"的危机,可能会导致失去生活的自信心、价值感和充实感,迷失前进的方向,并最终影响其以后的发展。

### (二)中学生的心理特点产生的根源

中学生的心理特点主要源于下面五大矛盾:

1. 自我意识与社会角色的矛盾

青少年时期是自我意识迅速增长的时期。自我意识表现为自我评价、自我尊重、自我监督等。中学生感觉自己是"大人"了,希望跟父母和其他成年人一样获得平等的独立生活权,他们与父母的教育发生冲突时,有些学生往往会出现"脱离家庭约束"的幼稚想法,这一时期被称为青少年的反抗期。在这一年龄的少年,虽在主观上感到自己已经是有能力、有气魄的成人,但他们的思维和行动还没有脱离稚气,常常作出一些不自量力的举动,他们渴望独立,但没有经济来源,生活中遇到问题又不得不请教父母。这种高傲的成人意识被事实无情地阻隔时,他们又渴望得到父母和成年人的帮助指导。进入青年期,这种成人感和独立性越来越强,他们渴求"自治",期待个人的见解能够得到社会的承认与尊重,并试图在平等的基础上,重新建立与父母或其他成年人的关系。他们不想依赖成年人,但自己又不具备经济基础和物质条件,他们凡事都有自己的见解,会发表自己的看法,但受到思维和认识能力的限制,意见多,建议少。

2. 要求他人尊重与不能尊重他人的矛盾

著名心理学家马斯洛在他的需要层次理论中,把自尊放在很重要的位置上。由于中学生自我意识的不断加强,他们渴望自己的观点、看法得到成年人的重视,他们不希望别人对自己指手画脚,横加指责,他们渴求平等的对话。然而中学生在要求他人尊重自己和自己尊重他人之间却存在着矛盾。有的学生自以为是、唯我独尊,在某些方面自视清高,看不起别人,听不进不同意见,不能正视社会环境,不能摆正个体与集体、自身与他人的相互位置,不懂得尊重他人,这同样是典型的不成熟心理,更需要教师进行正确的教育和引导。

3. 理想我与现实我的矛盾

理想我是将来要成为的我,是现实我努力的方向;现实我则是生活中实际表现出的我。中学生的理想我和现实我时常会发生很大的脱节。社会、学校、家庭对中学生都会有所期望，中学生会把来自社会、来自父母的一些期待和标准内化，形成自己的理想我的评价标准。当学生内心会给自己一个很高的理想我，又意识到现实我与理想我巨大的差距时，就会产生苦闷、抑郁等消极的情绪体验。

4. 情感波动性与封闭性的矛盾

进入青春期后，由于神经系统和内分泌的影响，青年学生身体的生长发育十分迅速，同时性机能趋向成熟，容易产生情感上的动荡。从身心调节的正常规律来看，这种动荡应该通过适当的释放才能获得平衡。但是青少年个性的发展和控制能力的增强，使他们内在的情感释放被压抑起来。他们在情绪表现上呈现冲动性、不稳定性、爱走极端的特点。但他们又觉得成人不能理解他们，因此情绪表达上又表现出很大的封闭性。也正因为如此，中学生非常需要同龄人能够给他们提供支持和接纳。

5. 性发育迅速成熟与性心理相对幼稚的矛盾

中学生进入青春期，性器官、性机能的迅速发育成熟，与他们性心理发育的相对幼稚性形成了矛盾与冲突。中学生盲目早恋和冲动性、攀比性的异性交往行为，正是学生性心理发育不成熟的表现。中学生早恋往往带有很大的好奇和模仿的成分，尽管陷于这种现状的学生，都表白自己是认真的，但他们对什么是真正的爱情及其所包含的社会责任和义务都缺乏真正的了解。

综上所述，中学生的班级团体辅导可以针对中学生成长的共性问题，有系统、有针对性地设计辅导活动，这些课题包括：自我探索、自我认知、人际沟通、情绪管理、异性交往、人生规划、亲子关系等。

## 二、班级团体辅导的性质和特点

### （一）班级团体辅导的性质

班级团体辅导属于辅导或心理教育性团体，是学校心理健康教育活动的重要方式。班级团体辅导不同于"团体辅导"和"团体治疗"，主要是在认知和知识层面，通过一般教学和活动，传授知识、提供资料的预防性和发展性的活动。班级辅导活动多以课程的形式，以具有一定程度的结构性团体形式来进行辅导，是将辅导与咨询服务普及于所有学生的最佳途径之一。

班级团体辅导是具有我国本土特色的辅导形式。这种形式在西方并不多见，西方国家的学校心理教育工作主要由专业的学校心理学家承担，多为矫治性的辅导。在我国，班级作为教学的最基本单位，活动大多都是通过班级进行的。班级本身就是一个具有目标、结构、规范等要素的团体，班级内充满了同学之间的互动，有着很强的团体动力，这些都为班级团体辅导提供了良好的条件，在这个基础上，只要辅导者或班主任施以团体辅导的技术，班级就可以成为学生健康成长的最佳团体。

### （二）班级团体辅导的特点

班级团体辅导跟一般的团体辅导相比，在以下方面具有独特之处：

1. 辅导对象。一般团体辅导可以根据辅导的目的对辅导对象进行筛选，但班级辅导无法筛选学生，它以全班学生为辅导对象，必须完全接纳班级中的每一个学生。即使成员不一定是自愿参与的，也不能筛选，所以在开始阶段可能会有抗拒或者很强的防卫心理，妨碍团体辅导的顺利进行。

2. 团体规模。一般的团体辅导规模较小，8—12人。班级的规模要远远的大于一般团体辅导的规模。在我国，中学班级一般规模为四五十人，多则七八十人甚至上百人。人数众多，规模过大，能否在团体辅导中照顾到每一个学生的需要，让所有的个体在班级团体辅导中都能得到发展，也是班级团体辅导面临的一个挑战。

3. 辅导者。班级团体辅导的辅导者一般是学校的专职或兼职辅导老师，但因为我们缺乏专业的心理辅导教师，所以班级团体的辅导者一般由班主任或者兼职辅导老师担任。因为班主任跟学生接触的时间比较长，对学生的了解也更加深入，对他们的发展需求和发展问题也更加了解，但是确实存在专业训练不足的问题。

4. 团体性质。一般的辅导团体会出于辅导的需要而临时成立，随辅导的开始而开始，并随着辅导的结束而结束。但班级团体辅导不同，班级本身就是一个真实存在的团体，在团体辅导之前就已经存在，而且并不随着团体辅导活动的结束而结束。基于这个不同，在班级团体辅导开始阶段，良好的班级氛围和动力可以促进班级团体辅导顺利地开展和进行，相反，则会阻碍班级团体辅导的发展。另外，因为班级这个辅导团体的持续稳定存在，会使得班级团体辅导的效果较为稳固和持久，这也是班级团体辅导的特别之处。

## 三、班级团体辅导方案设置

班级团体辅导一般以成长性、教育性和预防性团体辅导为主，以班级成员的健康发展和预防并解决成员的心理困扰为目标。其方案与一般团体辅导的方案一样,需要包括明确的团体目标、团体性质、团体时间、领导者和成员要求、团体活动场所,以及团体活动计划等内容。

以下是一个初三年级的班级团体,为了解决中考之前的紧张、焦虑、很难集中注意力、看不进书等问题而设计的单次班级辅导。

## 【案例】

### "拥抱考试焦虑"团体活动方案

团体名称:积极应对焦虑情绪　　　　训练时间:120 分钟

训练团体:初三班级团体　　　　　　团体人数:60 人

团体领导者:许　菲　　　　　　　　团体领导者助手:刘　洁,李佳莹

场地要求:宽大的空教室,有足够的座位或可以席地而坐

团体目标:学会应对考前的紧张与焦虑的情绪,让自己以轻松的状态面对考前复习。

理论依据:根据情绪 ABC 理论,我们的情绪主要根源于我们的信念、评价、解释以及对生活情境的反应。如果我们能够通过学习如何以有效而理性的认知来取代无效的思考模式,就可以改变自己对情境作出的反应。根据放松训练的基本原理,个体能够通过有意识地控制"随意肌肉",间接地使主观体验松弛下来,建立轻松的心情状态,从而缓解紧张、焦虑情绪等。

### 团体方案

| 活动 | 活动内容 | 活动时间 |
|---|---|---|
| 分组活动 | 1. 相互认识<br>2. 介绍团体领导者成员<br>3. 介绍团体目标 | 15 分钟 |
| 主题活动 | 1. 了解学生的需求与期待<br>2. 讲述心理训练的原则与要求<br>3. 讨论考试焦虑的影响<br>4. 从认知角度分析考试焦虑的原因<br>5. 分析并处理导致焦虑的不合理想法 | 85 分钟 |
| 结束活动 | 1. 冥想放松<br>2. 填写反馈问卷 | 20 分钟 |

## 团体活动具体安排

**一、分组活动**

介绍团体及分组活动

（1）由领导者介绍领导小组成员，介绍团体的主要目标。

（2）让团体成员报数：1—3（组数），将成员分为三个组，围坐成圆圈。

**二、主题活动**

1. 对参加训练的学生提问：你想通过本次心理训练解决什么主要问题？你认为自己在考试复习过程中，最棘手的问题是什么？（5分钟）。

2. 讲述心理训练的原则

（1）主动参与：心理训练不同于老师教学，主要是通过学生自己的积极练习和参与来体验过去从未体验过的事物，是一个自我教育的过程。教师的作用是不断发现新问题，帮助你们解决，所以不要依赖教师的讲解。

（2）积极的参与体现为敢说话，说真话，如果不敢说话，老师就不了解你的看法和问题所在，就不能针对你的问题进行解答，你就可能不如别人收获大；而不说真话，则意味着你不能将内心的情绪反应如实地表达出来，说明你对于训练没有能够接受。

（3）相互尊重、相互保密。不得以任何形式嘲笑别人，也不得认为别人的问题可笑，每个人都有其接受心理辅导的权利。此外，要对别人说的话保密，不得背后传话。

（4）坚持训练，按照教师的布置进行心理训练。

（5）发一个上述内容的承诺，与学生签约。

3. 小组讨论考试焦虑的影响

（1）考试紧张的益处：如果说考试就像士兵作战的话，那么每个中学生都可以说是身经百战的老兵了。即使有丰富的经验和广博的知识，每个同学在进考场时还是很难做到从容不迫，沉着应战。相反，考试时感到脸热，手僵，心慌，浑身出汗，注意力难以集中和提笔忘字等现象在中学生中非常普遍。

其实，考前或考试中紧张、亢奋，是一种自然现象，在心理学中我们把它叫做应激状态，这种紧张在一定程度上调动了身体的能量，使我们的肾上腺素分泌增加，血糖增高，兴奋性增强，在速度和效率上都有所加强，所以，适当的紧张是有利无害的。相反，如果每逢重要考试时还睡过了头，在考场上犯困，很不利于考试水平的发挥。

（2）过分紧张的标准及害处。如果我们在考试前或考试中过分紧张，以至于吃不下饭，睡不着觉，或者在考场上长时间头脑一片空白，明明平时会做的题没有一点思路,则是考试焦虑了,因为这种情绪反应已经妨碍了你的回答了。可见,同学们首先要区分什么是普通的考试紧张,什么是真正的考试焦虑。只有妨碍我们考试作答的过分紧张情绪才叫做考试焦虑。

讨论:过分紧张的表现

4. 从认知的角度分析考试焦虑的原因

(1) 认知是紧张的原因:考试对于人一生十分重要,对于我们自身的利益有重大关系,如果考不好就给我们人生带来重大损失。考试不好会给我们造成危险。正是由于我们有对考试不好的威胁的预测,才会产生考试紧张。所以,造成考试过分紧张的首要原因就是我们的认知或想法。比如,一头猪面对危险就不会紧张,因为它不能预测结果,不具有认识能力。在紧张情绪产生之前,人注定会有一种认知,只不过你可能没有认识到。一位考试焦虑的同学说:"我是无可救药了,考试就像过鬼门关似的,一进考场就想上厕所,一提到考试就紧张得要命,我根本无法控制自己的情绪反应。"其实,像这位无可奈何的同学,其情绪反应仍然是受想法控制的。

(2) 介绍情绪 ABC 理论:根据情绪的 A－B－C 理论,情绪不是由事件本身引发的。A 是指客观事件,如考试;B 是指一个人的认知,一个人的想法和信念,如考试不好就没有前途了;C 是指一个人的情绪紧张。在一个人紧张之前,一定有短暂的、未经验证和思考的想法,这些想法会在听到考试这个词时自动地浮上心头。客观事物本身不能引起我们的情绪,只有想法能引发情绪。

(3) 讨论学生们考前紧张时的想法:"老师向你宣布高考或中考提前到明天,你紧张吗? 你在紧张时想到了什么?"

5. 分析并处理不合理想法

(1) 介绍如何区分不合理的想法:我们的想法可以分为合理的和不合理的。合理的、正确的认识可以产生适当的紧张情绪,调动身心的积极性,而不合理的想法可以产生过度紧张的情绪。什么是不合理的想法?

绝对化的要求:如认为我要超过所有的人,所有的卷子都能顺利答出,凡是加有"所有的"字眼都是绝对化的。

以偏概全:上次数学考得不好,这次一定也考不好。

糟糕至极:如果考试失败我就必然没前途了。

要战胜考试焦虑,首先要战胜长期以来存在于我们头脑中的不合理想法,对于不合理想法,只能通过与它们辩论才能战胜它们。下面我们做一些练习来战胜自己的不合理想法。

（2）纸笔练习

### 练习一　最可怕的结果

假定你是一个毕业生，即将参加中考或高考，请写上万一考试失败了，最坏的结果是什么？

结果1：

结果2：

结果3：

你是否可以接受这个结果？如果不能接受，你将如何面对现实？

选择1：

选择2：

选择3：

### 练习二　可怕的结果并不那么可怕！

假如你考试失败了，你会遇到可怕的后果，现在你已经清楚地列出了这几个后果，请认真地想一想，这些后果有没有积极的意义，哪怕只有那么一点儿。

后果一的积极意义：

后果二的积极意义：

后果三的积极意义：

### 练习三　与可怕的想象进行辩论

每一种我们深信不疑的想法都有其反面，真理不在我们手里，就在它们手里，既然我们自己已经知道考试紧张对我们正常发挥水平不利，我们又无法克制紧张，为什么不学会从相反的立场想问题呢？

请在下面陈述后面，写上自己的反驳观点：如："我一旦考砸了，我就无脸见父母了"。反驳："不对，父母虽然不愿看到我们考砸，但如果我们因考砸而整日哭泣和怨悔，将更使我们的父母伤心，父母虽不喜欢一个分数低的孩子，但父母更不喜欢一个怯懦的、不敢进考场的孩子。只要努力拼搏，把自己的实力发挥出来，最终，父母也会为我们感到自豪的。"

1．"如果我考不上学，就没有前途了。"

反驳：

2．"如果我考砸了，同学们会认为我太笨，会嘲笑我。"

反驳：

3.“如果我的成绩不是前三名,就说明我是一个无能者。”

反驳：

4.“只有对所学的知识全都掌握了才能进考场。”

反驳：

练习四　接受自己的紧张情绪

通过学习第一课,下次你被考试紧张情绪所困扰时,你准备如何接受自己的紧张情绪?

方法1：

方法2：

## 三、结束活动

### 1. 冥想放松

"请在你的座位上坐好,找一个让自己感到舒服的姿势坐好。我们要稍微停一下让你找好位置。让你的双脚微微打开与肩同宽,双手臂可轻轻地在身旁放松。现在请闭上你的眼睛,倾听着我的声音。当你听到我的声音,你将体验到一种美妙放松的感觉。你会发现全身的肌肉都将完全地放松。去意识到你的呼吸,不要刻意用力地呼吸,只要感觉到你的呼吸变得缓慢而深沉。在你吸气的时候,气会被带到腹部下方,并且你会意识到在你每次吸气时,你的小腹会微微鼓起。在呼气时,将所有的气完全呼出,将自己的烦恼也一起呼出。你感到全身非常地沉重,一直沉到地板里去了,感到你自己深深地陷入地板里越来越深。你感到很平静,全身正在放松,而你在慢慢地呼吸,吸气、吐气、吸气、吐气。你的全身感到非常地放松,所有的紧张和压力都消失了,随着你脖子后肌肉的放松而消失了。延伸到脊椎下方以及整个胸部的肌肉也放松了。你的全身已经放松了。你的手臂和双手感到非常地沉重,松软地摆在两旁。而你的双腿延伸到你的脚掌也开始感到非常地放松,你的全身正渐渐地往下沉,越沉越深,全身感到温暖而放松,在你下沉的时候放松吧,越来越放松,让我们放松地倾听自然美妙的声响。

想象你现在站在一个充满阳光的海滩上。这里每件东西都沉浸在阳光里,而在你面前的是一望无际的大海,碧蓝色的海水温柔而沉静。湛蓝的天空中太阳洒下柔和的光芒,你看到远处有白色的海鸥在飞翔,它们的歌唱声和海浪声一起组成了自然的合唱。空气中充满了温暖的阳光,你可以听见海水在你脚边冲刷海岸的声音,一切是那么美好、安静、安详又充满生气,你就像是自然的一部分。你慢慢地沿着海滩走向一处宁静的港湾,你来到了这个港湾,阳光在海面闪闪发光,你整个人都融入了自然,感到自己很平静安详。暂停一下看看自己在水中的倒影吧。在你的心中升起一股暖流,你的脸上浮现出微笑,因为你现在已经抛开了生活的压力,它们已经不再把你压得喘不过气来,你现在是充分自由的,健康的,可以尽情地享受阳光。尽管你会在生活中遭遇阻碍却再也没有外在的力量可以掌控你。现在把自己的心灵想象为一片充满阳光的海滩,而你正在这个美丽的海滩漫步……漫步……享受宁静与充实。

现在你要离开你的沙滩,温暖的阳光、金黄的沙滩、湛蓝的大海都在你的背后慢慢淡化,你回到了你的座位上来。现在开始慢慢地恢复你的意识,观察你的呼吸,注意到在你休息的时候,你的呼吸变得多么的平静和缓慢。现在开始有点刻意地去呼吸,让每次的吸气延长一点、加深一点。而当你呼气时,感受到丰盛的精力,散布在你的全身。现在我们要开始活动一下你的脚掌和脚趾头,将你的头从一边转到另一边,张开你的双眼,眨眨眼睛来适应光线,现在要伸展你的身体,高举双手超过头部,伸展,伸展,用力地伸展。呼气,开口用力呼出所有的气,这是新的一天,慢慢让自己坐起来,感受平静、安详还深深地留在你身体里面,还将会一直留在你心里。请你们记住这种放松的感觉,并把它应用到日常生活中,当你觉得紧张、焦虑的时候,想想这种感觉,让它重新回到你的身边。"

2. 教师发问卷并收回

(1) 你觉得这节课上你学到的新知识:A 很多　B 较多　C 一般　D 较少 E 很少

(2) 你觉得这节课对于解决你的考试紧张情绪:A 很有帮助　B 较有帮助　C 一般　D 较少帮助　E 很少帮助

(3) 你认为训练课有哪些可以改进的地方或需增加些什么内容?

(4) 你对活动方式:A 很满意　B 较满意　C 一般　D 较不满意　E 很不满意

## 本章小结

1. 学校团体心理辅导是学生在团体领导者带领下,围绕某一共同关心的问题,通过一定的活动形式与人际互动,改变成员观念、态度和行为的辅导方式。勒温建立的团体动力学理论是团体心理辅导的重要理论基石。

2. 团体辅导的过程分为:确定团体辅导活动的主题和目标;设计团体辅导活动方案;甄选团体成员;实施团体辅导计划;进行团体辅导评估。

3. 团体心理辅导的实施分为创始阶段、过渡阶段、工作阶段和结束阶段,每个阶段都有其独有的特征与任务。

4. 常用的团体心理辅导技术包括反应技巧、交互作用技巧和行动技巧。

5. 班级团体辅导以至于辅导或心理教育性团体,是学校心理健康教育活动的重要方式。班级团体辅导多以课程的形式,以一定程度的结构性团体方式来进行辅导。

## 思考与讨论

1. 如何确定团体心理辅导目标?

2. 团体心理辅导方案包括哪些内容?

3. 简述团体心理辅导各阶段的特征与任务。

4. 如何将团体心理辅导技术运用在人际交往中?

5. 试分析班级团体辅导的优势与劣势。

# 第七章　心理健康教育课程设计

【学习目标】

1. 掌握心理健康教育课程的概念。

2. 掌握心理健康教育课程活动设计的基本原则。

3. 掌握心理健康教育课程的活动设计形式及内容。

4. 了解心理健康教育课例与评析。

　　学校心理辅导在对中小学生进行心理健康教育的过程中，可以采用的形式包括个体辅导、团体辅导和心理健康教育课程。相对于个体辅导和团体辅导来说，心理健康教育课程面对的人数更广，心理辅导的内容也更宽泛，因此，心理健康教育课程是学校心理辅导不可或缺的一部分。

## 第一节　心理健康教育课程概述

### 一、心理健康教育课程的概念

　　界定心理健康教育课程，首先要将两个概念定义清楚：心理健康教育和课程。

　　清华大学心理学教授樊富珉（1996）等研究得出：心理健康教育包括良好心理素质的培养与心理疾病的防治，两者相辅相成。优化学生心理素质的教育内容包括：智能发展教育、非智力因素的培养、人际关系和谐教育、环境适应教育、健康人格教育；预防心理疾病的教育内容包括：心理卫生知识教育、挫折教育、心理疾病防治教育。

　　课程是指：由一定的育人目标、基本文化成果及学习活动方式组成的，用以指导学校育人的规划和引导学生认识世界、了解自己、提高自己的媒介。

心理健康教育课程的本质则体现在育人目标、基本文化成果和学习活动方式上，从育人目标上来看，心理健康教育课程的最终目标是培养学生健全的人格，具有良好的社会适应性和良好的心理品质。基本文化成果是心理健康教育课程的学习内容，心理健康教育课程的内容可以根据学生年龄心理特点事先设定，也可以根据学生的需求及心理发展中随机产生的问题设定。学习活动方式是指，心理健康教育课程主要是以活动的方式，在教师的设计和指导下，让学生在活动中去体验、感受，从而发现自己和发现别人，认识自己和认识别人，学会学习，学会生活，学会交往，这样才能真正体现以学生为中心的学习方式。

因此，心理健康教育课程又称为心理辅导课，它是以学生为主体，根据不同年龄阶段学生的身心发展特点，运用心理学和教育学的理论和方法，培养学生心理素质，以达到学生身体和心理协调发展目的的课程。

## 二、学校心理健康教育课程的要素

心理健康教育课程设计的要素包括课程目标、课程内容、教授方法和成果评价。

1. 课程目标：课程目标的建立不仅可以提前有效规划授课内容，也是课后检验教学是否取得效果的重要标准，所以，建立良好的总目标、学段目标、课堂目标，对于教学有重要作用。不同的年龄阶段、不同的心理内容，所要求的课程目标也不尽相同。首先学科要有总的学科目标，学段也要有适合本学段的目标，具体的每一堂课都要有每一堂课程的目标。通过一系列课堂具体目标的实现来完成学段目标，多学段目标的完成也就促成了学科目标的完成。

2. 课程内容：心理健康教育课程内容可以分为：学习辅导、人格辅导、生活辅导和职业辅导。应针对不同年龄阶段和不同类型学生提供适合的授课内容。以高中学生为例，这个阶段的学生处于青年初期，生理上的发展已经接近成熟，智力上的发展也相当接近成年人的水平，其他心理品质也趋于成熟，那么就需要注重学生抽象思维和辩证思维的培养和正确价值观的树立。教师在面对高中生的教学过程中，要注重内容深度的把握，不能过于简单浅显，也不要过分要求深奥，要让大部分的学生都能够理解，满足最近发展区理论的要求。

3. 教授方法：心理健康教育课注重的是学生在体验中学习，得到亲身感悟。传统的教师讲授法重要，但这只是心理课的一部分，更多的是要在教学过程中起到启发和总结升华的作用,要注重学生的主动参与性,使学生在学习中体验,在体验中学习成长。应用多种教学方法,引发学生的主动思考,将心理知识转化为内部认知。

4. 成果评价:有很多教师在教学过程中忽视了评价的环节,其实成果评价是整个教育环节中十分重要的组成部分。心理健康教育课尤其重视对阶段性结果的评价,心理学不同于理科,当堂学习的东西可以马上通过测验获得,心理的发展和改变是一个长期的过程,所以要验收教学的成果就要做阶段性的评价。心理健康教育课的评价一般会通过测验的方式来检测教学的成果,当然通过学生行为习惯的直观变化也可以说明教学的效果。

# 第二节　心理健康教育课程的活动设计

活动设计是落实心理健康教育课程的重要环节,心理健康教育课程理论最终服务于实践,该环节需要教师根据学生的差异性因地制宜,针对不同的问题、情景,设计出相对应的课程。

## 一、活动设计原则

1. 科学性原则

科学性是指课程内容的科学性、解决问题过程的态度与方式方法的科学性,这就要求教师要深入钻研教育心理科学的理论知识,并能在课堂教学中准确无误地传授。同时以客观、实事求是的科学态度对待学生的心理健康和心理行为问题。

2. 过程性原则

过程性原则是指教学应能使学生通过参加探究心理活动过程,经历观察心理现象,提出心理问题。通过对设计活动情景的感知与体验,解决心理疑惑或排除心理障碍,最终以"主人"的姿态积极而自觉地参加各种心理培训活动,将自我充分放开,自由表达,尽情宣泄,充分发挥其主体作用。

3. 联系实际的原则

联系实际是指课堂教学中要紧密联系学生自身实际,要让学生学会了解自己、认识自我,在活动中不断找出自己与别人的心理差距,主动制订目标,促使自己"长大"、

"成熟"，塑造健全人格。要特别注重选取贴近学生校园生活的热点和难点问题来组织教学材料。学生们往往对发生在自己身上或现实生活中的事情十分关心、感兴趣，教师在设计教学活动时，如能将学生学习、生活中的典型事例作为教学内容的材料运用到心理健康课堂教学上，将会极大地触动学生的兴奋点，激发起学生强烈的心理体验。

### 4. 整体性原则

整体性原则包含两重含义，一是指学校心理健康课堂教学与整个心理科学的理论知识教学是一个整体，因此教学中应做到有机结合，相互促进。二是指学校心理健康课堂教学应以促进全体学生在知识与技能、过程与方法及情感、态度、价值观方面的全面发展为教学的基本宗旨，以帮助学生改善心理机能、提高心理素质和预防心理障碍发生为基本任务。

### 5. 发展性原则

发展性原则是指学校心理健康教育课程要以学生的发展为本，应注重学生心理素质的发展，为学生个性化的多方面潜能发展创造良好的心理氛围和条件。教师要善于发现学生个体的独特性，并引导学生个体独特性健康发展，进而促进其心理素质不断提高。

### 6. 多样化原则

多样化原则强调心理健康课堂教学在主题鲜明、教师主导、学生自主的活动中培养学生良好的心理素质。教师在课堂教学中要充分运用实物直观、模像直观、语言直观、电化直观及多媒体等多样化的手段和形式，使学生在愉悦的心境中掌握心理健康知识，接受心理健康教育。

## 二、心理健康教育课程的活动形式设计

心理健康教育课程的形式是多种多样的，我们可以根据不同年级的学生，不同的辅导内容，选择不同的活动形式。本节介绍常用的几种活动形式。

### 1. 热身活动

热身活动在心理健康课程中起着很重要的作用，一般设置在心理健康课程的开始阶段，"热身活动"顾名思义就是让全身"热"起来的活动，好比是运动员参加比赛之前的准备活动。通过热身活动，可以调动学生的情绪，使学生兴奋起来，对课程保持好奇心。

"热身活动"的设计可以根据学生的年龄特点,有时可以没有什么明确的目标,只是让学生开心、兴奋,有时可以是围绕教学目标而设计的活动,它是一个序曲,或是一个前奏。它不求"最好",但求"投入",创设宽松的心理氛围,调动学生积极参与的热情。"热身活动"的形式不限,完全可以根据学生的年龄和场地的许可来设计。一般来说,对低年级的学生,可安排做健身操、游戏,对高年级的学生可安排故事、歌曲、录像等。

2. 情景体验

心理课教学过程中,教师需要设置符合当前课程目标的情境,引导学生进入模拟情景、实际情景或想象情景,在这些情境当中体验、思考、分析,了解自己的心理反应,获得情感体验,培养适应能力。例如,对考试焦虑的学生,可以设计模拟考试的场景,反复训练,不断强化,使学生的焦虑逐步消退。同时,在此方法中,需要培养学生的想象力,可以通过辅导老师的指导语,在特定的情境中,在音乐的背景下,启发学生进行想象活动,并让学生把自己的想象叙述出来、表达出来。通过情景辅导活动,让学生分辨哪些情绪情感是消极的,哪些情绪情感是积极的,学会调节、疏导不良情绪,提升健康的情感。

情景是心理课达到理想效果的重要载体。心理辅导教师在创设情景时要注意三点:第一,要充溢情感,以心造境,情景合一;第二,创设情景是一种暗示、一种渲染、一种陶冶,要关注师生、生生之间的心理相容程度,要注意师生、生生之间的和谐平等;第三,要精心策划,周密组织,在内容的选择、程序的设计、载体的运用、手段的更新乃至具体细节上,都力求围绕主题,严密有效。

3. 讨论分析

讨论分析法是所有教学活动中使用最为普遍的方法,讨论分析法是指在老师的引导和组织下,学生对某一专题各抒己见,经过交换意见或辩论,集思广益,交流思想和感受,促使问题的解决。从形式来说,讨论分析方法通常采用小组讨论和全班讨论两种形式,小组讨论的形式比较常用,而且效果比全班讨论好。

小组的组合可以是老师随机指定,也可以是学生的自愿组合,一般以自由组合为主。这样的组合有利于学生的广泛交往,有利于学生畅所欲言。从内容来说,除了集中讨论一个专题以外,还可以采取分专题讨论的方法。在讨论过程中,如果分组讨论同一主题,则全班集中时,各组代表发言又难免重复,因此,采用分题讨论法较好。

分题讨论法就是把一个大的主题分成若干个不同的小专题,每一个小专题均围绕主题而设,是主体的组成部分。主题和小专题需要教师事先精心设计,而且它应该是学生最关心、最困惑、最迫切想解决的问题。题目设计得新颖有趣,学生就会感到有话可说,有话想说,不吐不快。只有这样,他们才有充分参与和表现的机会,才会感到他们是自己思想和行动的主宰者,他们的自主性和选择性才能得到增强。

全班讨论时,可采用头脑风暴法,运用集体思考和讨论的方式,使思想观念相互激荡,发生连锁反应,以引出更多的意见和想法。教师要注意营造一种自由民主的氛围,让学生真正畅所欲言,允许异想天开,想法越多越好,不允许批评别人的意见,但可以将别人的意见加以组合和改进。

在采用讨论分析法的过程中,教师要做到导而不牵,循循善诱,达到自我教育的目的,并要注意引导学生变被动的听众为主动的演说者;注意引导学生变片面为全面,注意变注重结论为注重过程。在讨论过程中,让学生共同分享的不仅仅是感受,还有彼此的关怀与支持。学生的每个观点都会受到同学们真诚的关注,大家会极其耐心地倾听,设身处地地理解,积极主动地补充与修正。小组中这种新型的人际交往模式不仅能增进大家的亲密感、信任感,还能促进同学间的接纳与关怀,增强学生的自信。

### 4. 角色扮演

在心理辅导活动中,角色扮演又可称为“角色扮演法”,是一种通过行为模仿或行为替代来影响个体心理过程的方法,简单地说,就是让学生以一种类似表演的方式,展现相应的行为特点和内心感受,进而起到增进学生自我认识,减轻或消除学生心理与行为方面的问题,以促进学生的成长和发展。

实施角色扮演的五大要素有:(1)教师,是角色扮演的设计者和策划者,其任务是确定角色、设计小品或情境、鼓励学生主动地参与表演活动,使活动达到预期的效果。(2)剧本,主要来自两个方面:一种是由教师预先设计或准备好的戏剧剧本、小品或情景,学生按照教师的设计进行表演;另一种是由教师提示情境,学生自行设计动作、对话等表现形式。(3)扮演者,由一个学生、几个学生或全班所有同学根据教师的启发和剧情的要求自然地、主动地、创造性地去表现。(4)观看表演的学生。他们虽然不直接参加表演,但也是角色扮演活动的参加者,需要体验扮演者的感受,自然地融于情境中,与扮演者同喜同忧,起到支持、鼓励、烘托的作用,同时,他们也在进行认知、思考和体验。(5)舞台。这是角色表演的场所。教师可以选择讲台或同学们围坐,留出中心空地,这样容易吸引学生的注意力,对进行角色扮演的学生来说,如果自己是演员的意识得到加强,可以增加对角色的认同和体验,表演的效果会更好。

角色扮演的方法有多种。一般根据活动的目的、需要学生讨论和体验的情境而选择。教师需要思考如何运用角色扮演的技术和过程,以使学生和扮演者得到最大的益处。经由多年的演变,现在班级中使用的角色扮演大致有:哑剧表演、独白法、空椅子、镜像法、比较法、创意情景法、角色辩论会、魔术店、情景剧或短剧、戏剧表演等众多方法。

5. **团体辅导**

团体心理训练是团体心理辅导的方法之一,第六章已有详细介绍,本章不再赘述。

# 第三节　心理健康教育课程课例示范

## 一、学习辅导课例示范——《一切重新开始》

**（一）活动目的**

1. 帮助学生了解小学与初中学习生活的不同,了解自己的学科情况。

2. 引导学生知晓自己的学习风格,并尽快适应初中学习生活。

**（二）活动准备**

1. "我的学习档案表"的准备,每个学生一份。

2. "我的学习风格"小测试的题目纸,每个学生一份。

3. 了解学生在适应初中生活方面的情况和案例。

4. 提供给学生阅读座右铭的准备。

**（三）活动过程**

1. **热身游戏:"三和三的倍数"**

全班同学围成一圈,每人轮流数数字,从一开始数,遇到三或三的倍数,或末尾带三的数字就不准数出来,用手拍一下代替。

2. **热身游戏:"找不同"**

我们带着向往,带着期盼,开始了中学全新的生活,你知道小学学习生活和初中学习生活有什么不同吗?你能列出小学和初中的三个不同之处吗?你的感觉和大家差不多吗？把你的感觉在小组内与同学们交流，你一定会有新的收获。

3. 活动体验：我的学习档案

### 我的学习档案

（1）在小学，我对自己的成绩满意的程度是 _____。

（2）在初中，我对自己的成绩满意的程度是 _____。

（3）我对现在的成绩满意的程度是 _____。

（4）我最擅长的学科是 _____。

（5）我最薄弱的学科是 _____。

（6）我最喜欢的学科是 _____。

（7）我最苦恼的学科是 _____。

4. 我诉我心——学习风格小测试

了解你的学习风格对你的学习会有所帮助，它可以告诉你为什么有些东西对你来说似乎没有任何意义。

学习风格小测试：

对下面的每个问题，请选择第一个出现在你脑海中的答案，不要花太多的时间思考。

（1）你愿意采用哪种方式了解计算机是如何工作的？

A．看一部这方面的电影

B．听老师对它的解释

C．把计算机拆开并试图自己了解

（2）为了寻找乐趣，你喜欢阅读什么样的书？

A．有很多图片的旅游用书

B．有很多对话的神秘的书

C．能回答问题和解谜的书

（3）当你不能确定如何拼写一个单词时，你最有可能做什么？

A．把它写出来看是否是对的

B．把它读出来

C．查字典

（4）你参加了一次宴会，第二天你最有可能回忆起什么？

A．参加宴会人的面孔

B．参加宴会人的名字

C．宴会上你所做的事和说的话

(5) 为了准备考试,你会如何学习?

A．读笔记,读标题看图示和图解

B．让别人问你问题或者默默对自己复述一些知识要点

C．在记录卡片上记录并设计模型和图示

(6) 当你看到一个单词 dog 你首先想到什么?

A．一张特定狗的图片

B．默默对自己说 dog 这个单词

C．出现一种牵着狗的感觉

(7) 当你想集中精力,使你觉得最让人分心的是什么?

A．视觉干扰

B．噪音

C．其他一些感觉,如饿、鞋子紧,或担心等

(8) 你喜欢用什么方式解决问题?

A．列一个清单把每一步组织好,做完后检查

B．打几个电话跟朋友或专家聊聊

C．设计一个问题的模型,在头脑中把所有的步骤演练一遍

(9) 在电影院门口排长队时,你最有可能做什么事?

A．看其他宣传海报

B．跟站在边上的人聊天

C．跺脚或用其他方式慢慢向前移动

(10) 你刚进入一家科学博物馆,你会首先做什么?

A．四下张望,找一个显示不同展位的地图

B．跟博物馆的向导询问,请教有关展览的事情

C．先走近一个看着有趣的展位,以后再看说明

(11) 当你生气的时候,你最有可能做什么?

A．沉着脸

B．喊叫或大发雷霆

C．跺着脚出去并甩门

（12）当你高兴的时候你最有可能做什么？

A．露齿而笑　　　　　　B．高兴地喊叫　　　　　　C．高兴得跳起来

（13）你愿意参加什么兴趣班？

A．艺术班　　　　　　　B．音乐班　　　　　　　　C．体操班

（14）当你听音乐时，你会做什么？

A．白日梦　　　　　　　B．哼起来　　　　　　　　C．随音乐活动跺脚等

（15）你会怎样讲一个故事？

A．写出来　　　　　　　B．大声讲出来　　　　　　C．把它扮演出来

（16）哪种餐馆你可能不愿进？

A．灯太亮的　　　　　　B．音乐声太大的　　　　　C．椅子不舒服的

数一数你的选择：A、B、C 都有几个，就可以大致知道自己的学习风格：

大部分选 A 的人，可能是视觉学习类型，通过观察学习，

大部分选 B 的人，可能是听觉学习类型，通过听来学习，

大部分选 C 的人，可能是动作与触觉学习类型，通过触摸和行动来学习。

教师小结：大约 30%的人属于听觉型，40%的人属于视觉型，15%属于动作型，15%属于触觉型，每个人都有一种学习风格，学习风格没有好坏之分，只是个体之间的差异而已。

5. 我的座右铭

读一读以下的句子，思考、讨论和选择，将你选择的句子用彩色笔写在小书签上，可以制作若干张，自己保留或赠与同学都可以（若你能用自己的语言来写更好）。

（1）如果你认为自己是一个糟糕的学习者，那么你有可能真的成为糟糕的学习者。

（2）当一个人感到有高飞的冲动时，他再也不会满足于在地上爬。

（3）只要找到正确的按钮，学习就会一点而通。

（4）在学习方面，我最有价值的财富是一种积极的态度。

（5）唯一愚蠢的问题是你不问问题。

**（四）建议与说明**

1. 一开始的活动仅仅是热身，让学生放松一下，营造一个宽松的氛围，老师注意不要用太多的时间。

2. 在"我的学习档案"活动中，每个同学打分的标准肯定是不一样的，老师应提醒

同学进行纵向对比,即比较自己小学和中学的不同情况即可。

3. 在填写自己最擅长、最薄弱、最喜欢、最苦恼的学科时,老师可以引导学生看一看,找一找,在这些学科之间是否有联系,既便于了解,也便于以后改进。

4. "我的学习风格"的小测试是必须要求学生独立完成,否则易受其他同学的影响而产生不真实的结果。

5. 本课适合初中一年级的学生。

6. 本课例选自吴增强、蒋薇美所著《心理健康教育课程设计》,中国轻工业出版社,第204—208页。

## 二、人格辅导课例示范——《优点大集合》

**(一) 活动目的**

1. 通过活动,让每一个学生都能充分了解自己的优点。

2. 通过活动,让每一个同学都悦纳自己,相信自己是很棒的人。

**(二) 活动准备**

1. 写好本班学生各种优点的优点大辞典海报一张(可用大的白纸做,也可做在PPT上)。

2. "优点放大镜"工作纸每人一张。

3. 每个同学准备一个苹果。

**(三) 活动过程**

1. **热身活动:找苹果**

(1) 请大家把带来的苹果拿出来仔细地观察,记住它的特征。

(2) 请大家将自己手中的苹果与小组里其他同学的苹果都集中放在一起。

(3) 请每个人从小组的一堆苹果中找出自己的那一只。

(4) 说说你是怎么找到自己的苹果的?

(5) 你对苹果上的那些小伤痕,有什么想法与感受?

(6) 找苹果过程的前后,你的想法一样吗?

教师小结:苹果上面那些斑点、伤痕看上去虽然不好看,但是恰恰能让别人记住它、认出它,而那些太过完美的苹果,却因为没有特点而不容易让人分得清。现在看看,是否这些斑点、疤痕都变得可爱起来了。

2. 活动体验：包含"故事与讨论"、"优点大集合"两部分

**活动体验一：故事与讨论**

我们先来听一个有趣的故事，故事的名字叫：胖子的一家

在一座小山谷里，有一个七家村。其中一户人家姓黄，就是我们称之为"大肚黄"的那一家。他们一家四口，真的各自拥有一个大肚皮，因为他们是本村最胖的四个人。黄爸爸是一名木匠，幸而他自己会造桌椅、床柜，否则买回来的凳子一坐就烂，买回来的床铺一睡就塌。黄妈妈是家庭主妇，她要替家里每个人做衣服，因为他们曾经走遍全城，找不到一条适合穿的裤子。只要看一看他们家晾在门前的衣服，就知道他们的尺码是 XXXL 了。两个孩子都要上学，他们已经坐坏了学校十张椅子，最后还是爸爸做了两张特别坚固的送到学校，他们才有椅子可坐。村里的人起初对这一家人并不友善，因为只要他们中的一人在路上行走，其他人休想超过他们。跟他们一同坐车，车行特别慢，而且容易坐破轮胎。他们一家去游泳池游泳，池水立即升高，而且再没有游泳的空间。因此，黄家人总是远远地躲开村里人，怕被别人嘲笑；还经常唉声叹气，埋怨自己太胖了，觉得自己一无是处。

有一天，忽然刮起了多年未见的狂风。放学回家的孩子们滞留在山脚，不敢回家，因为在山脚至村落之间，有一处风口，就算是大人也站立不稳，可能被风卷起，跌落到山崖下面。黄家两个孩子因为够斤两，不怕风吹跑回家报告了情况。黄爸爸、黄妈妈一同下山，把孩子们一个又一个地护送回家。他们俩上山下山，走了七八趟。一身大汗，衣服湿得贴在背上。所有的孩子在他们的护送下都安全地到了家。

又有一次，村子里有个老人生了重病，要送到城里的大医院去，可是，车子刚到村口就陷入了泥坑。就在人们手足无措的时候，黄爸爸和黄妈妈来了，他们在车子后面使劲一推，车子又能行驶了！老人被及时送到了医院。

从此以后，村里的人不再疏远他们了。

故事听完了，有四个讨论题，每一组派代表抽取一个，在小组内进行讨论。小组讨论后，请各组派代表将讨论结果与大家分享。

(1) 如果你是黄家的一分子，你会怎样看待自己？

(2) 如果你是七家村的居民，你会怎样看待黄家人？

(3) 你觉得黄家人有哪些优点？

(4) 你有没有过像黄家人这样的感受？

教师导言："在我们班里，常常听到有同学说，自己不行，自己不如别人，真的是这

样吗？其实我们每个人都有自己的优点，都有自己与众不同的地方，当然每个人也都有自己的缺点，就像大家手里的苹果，每一个都有它令人喜爱的地方，都有自己独特的地方，虽然，苹果上有一些小斑点，但它还是又香又甜的大苹果。下面，我们就对苹果说说悄悄话，夸夸它，好吗？你们发现了没有？听到你们的悄悄话，苹果变得更香、更漂亮、更招人喜欢了。下面，我们请每个同学，也对自己说说悄悄话，做一个优点大集合活动，让我们更喜欢自己。"

**活动体验二：优点大集合**

（1）优点放大镜：老师拿出一个放大镜让学生观察，并说这是一个神奇的放大镜，它叫"优点放大镜"。请你们每个人都想一想，你的优点可以帮助你在哪些方面成功，选择你最明显的优点，并把它放在放大镜下。

（2）优点大辞典：张贴罗列班里同学身上优点的"优点大词典"，请你找一找，看一看，然后在你的放大镜中加上你新发现的优点。

教师导言：每个人都有许多优点，有些我们或许没有发现，但朋友是我们的镜子，能帮助我们更好地了解自己。向组内同学展示你的放大镜，听一听同伴补充提出你的优点，全小组同学一起来完成"朋友，请欣赏我"的活动，并将组内同学对你的欣赏品评写到放大镜上。

（3）请欣赏我：朋友欣赏你的优点，你感到高兴吗？你感到自己很了不起吗？

（4）闪光台：每个人的优点都帮助自己在很多方面获得了成功，你们都要学会放大自己的优点，使自己在更多方面成长进步更快。老师为你们的优点搭建了一个表现的平台，我们叫它"闪光台"。现在，请带上你的"优点放大镜"，到"闪光台上"，向小伙伴和老师夸夸自己。

（5）信心大爆棚：优点大集合活动是否让你的信心增加了呢？请你画一画你现在的心情指数吧。

老师小结：原来我们班同学身上有那么多的优点啊，你们是不是很高兴啊？老师也为你们感到高兴，你们是最棒的，让我们一起大声喊：我是最棒的。

**（四）建议与说明**

1. 本活动的成功之处在于教师对学生的了解与熟悉，教师要在充分了解学生的基础上，事先精心准备一张优点大辞典的海报或 PPT，以便在学生完成优点放大镜后，帮助学生深入了解自己的优点。

2. "优点放大镜"可以试试先将"放大镜"印在纸上发给同学，但若条件许可的话，可以做成小型的模型"放大镜"若干个，让学生将优点填写上去，展示出来效果会更好些。

3. 活动过程中，尤其是学生到"闪光台"上夸夸自己的时候，教师要注意不要对学生做个体之间的比较，要让每个学生都为自己的优点而自豪。

4. 本课适合初中一年级的学生。

5. 本课例选自吴增强、蒋薇美著的《心理健康教育课程设计》，中国轻工业出版社，第 155—159 页。

## 三、生活辅导课例示范——《我的心情我做主》

**（一）活动目的**

1. 帮助学生正确理解良好的情绪状态对个体社会生活和身心健康所具有的意义。

2. 帮助学生检省自己的情绪，了解自己的主导情绪特点。

**（二）活动准备**

1.《幸福拍手歌》伴奏。

2. 轻松的伴奏音乐。

3. 印刷文档《三则与情绪有关的小故事》。

**（三）活动过程**

1. 热身游戏

学生围站成一圈，伴随伴奏音乐，在教师的带领下共同演唱《幸福拍手歌》。要求大声歌唱，并且要配合歌词作出相应的肢体动作，比如拍手和跺脚。如此反复两遍。要求学生带着快乐、幸福的心情与相邻的学生微笑，挥手致意。

伴随舒缓的音乐，选择舒适的姿势，学生放松肌肉，回想近一时期生活中发生的事件，并注意自己情绪上的变化。

2. 晒晒我的心

首先，发给学生每人一张卡片，要求学生完成下列句子。然后，引导学生间进行交流、讨论，帮助学生了解自己的主导情绪，感受到不同情绪体验对生活、行为、健康的影响，使其认识到积极情绪的重要性。

（1）最近让我感觉高兴的事情是_____，当时我的心情是_____，现在想起这些事,我的心情是_____。

（2）最近让我感觉不高兴的事情是_____,当时我的心情是_____,现在想起这些事,我的心情是_____。

（3）每当心情好的时候,我会觉得_____;每当心情糟的时候,我会觉得_____。

（4）我的心情总是_____。

3. 教师呈现与情绪有关的三个小故事,启发学生思考。看完故事,学生自由发言,说说得到的感悟。教师引导学生认识到自己才是情绪的主人,应该主动构建快乐心情。

### 《钉子》

有一个脾气很坏的男孩,他父亲给了他一袋钉子,并且告诉他,每当他发脾气的时候就钉一颗钉子在后院的围栏上。第一天,这个男孩钉下了37颗钉子。慢慢地,每天钉下的数量减少了,他发现控制自己的脾气要比钉下那些钉子容易。于是有一天,这个男孩再也不乱发脾气了。他告诉了父亲这件事情,父亲又说,现在开始,每当自己能控制住脾气的时候,就拔除一颗钉子。一天天过去了,最后男孩告诉父亲,他终于把所有钉子给拔出来了。

父亲握着他的手来到后院说:"你做得很好,我的好孩子! 但是,看看那些围栏上的洞,这些围栏永远不能恢复到从前的样子。你生气时说的话,就像这些钉子一样给别人的心灵留下了疤痕。如果你拿刀捅了别人一刀,不管你说了多少次对不起,那个伤口将永远存在,话语的伤痛就像刀子的伤痛一样令人无法承受。"

教师小结:人与人之间常常因为一些无法释怀的坚持而造成永远的伤害,如果我们都能从自己做起,宽容地看待他人,相信一定能收到意想不到的效果。给别人开启一扇窗,也就是让自己看到更完整的天空。

### 《我该让谁来决定我的行动》

著名作家哈理斯和朋友在报摊上买报纸,朋友礼貌地对摊贩说了声"谢谢",但摊贩却冷脸相对,一言不发。

哈理斯问道:"这家伙态度很差,是不是?""他每天晚上都是这样的。"朋友说。哈理斯又问道:"那你为什么还是对他那么客气?"朋友答道:"为什么我要让他决定我的行为呢?"

教师小结：别人做错事或说话态度差，或许是他一贯的习惯，或许是他现在心情不好，但是我们没有必要因为他而弄坏自己的心情。

### 《斗鸡的心理战术》

周宣王很喜欢观看斗鸡，他的门下有位专门驯养斗鸡的纪浪子。有一天，有人从外地送来一只很强壮的斗鸡给周宣王，他很高兴地将斗鸡交给了纪浪子。过了几天，周宣王问道："几天前交给你的斗鸡，你训练得怎么样了？可以上场比斗了吗？"纪浪子说："还可以。不过因为这只鸡血气方刚，斗志昂扬，还不宜上场。"再过几天，性急的周宣王又问同样的问题。纪浪子回答说："还不能上场。因为这只鸡看到其他鸡的影子就会冲动，所以还不能上场。"又过了几天，周宣王再问。这回，纪浪子便说："可以了。因为当它看到其他斗鸡、听到它们的声音时，一动不动，它的心已不受外物所动，就象木鸡一样，现在可以上场了！"

于是，周宣王便使用这只鸡去参加斗鸡。它一上场就稳稳站立，毫无摆动，即使其他斗鸡在它身边百般挑衅，它仍然无动于衷，以眼睛注视对方，对方被吓得自然后退，没有一只鸡敢向它挑战。

教师小结：我们要以宽容的心去对待每个人，不要动不动就心浮气燥，以为别人都在与我们作对。例如，当别人对我们的建议或言论提出异议时，不要轻易动怒，应心平气和地聆听。大智若愚，以静制动，发挥斗鸡的心理战术，往往会取得意想不到的效果。

4. 教师引导学生分享本次团体活动的收获和体会；对学生表达祝愿，希望其每天都有好心情。本次团体辅导课在《快乐你懂的》歌曲中结束。

**（四）建议与说明**

1. 本活动要求教师对学生日常生活中常见的情绪有所了解。

2. 教师要多准备一些描述情绪的词汇，帮助学生识别自己的情绪。

3. 本课适合高中一年级的学生。

4. 本课例选自网络资料：《我的情绪我做主》。

## 四、职业辅导课例示范——《时间隧道——生涯规划与选择》

**（一）活动目的**

1. 帮助学生初步了解什么是生涯规划和选择。

2. 帮助学生了解生涯规划和选择的作用及意义。

**(二) 活动准备**

1. 准备好阅读资料"策划人生"和"职业规划十记"。

2. 准备好"如果生命只剩……你最想完成的三件事"表格。

**(三) 活动过程**

1. 指导学生阅读"策划人生",体会生涯选择的意义。

## 策划人生

文/小叶

人们常说,人生如梦,颇有点飘渺虚无的意味,这种梦如果是美的,那你多半在现实中得不到,如果是丑的,倒可以把你吓个半死,让你恐怖阴森一段日子。

人们也说,人生如戏,听起来就潇洒许多,只是这似乎玩世不恭,用来作为人生的注解或比喻,至少不能算是全面的。如梦也好,如戏也罢,一时间一件事一段情也许如此,若一辈子如梦如戏飘忽不定、悲喜无常,你会喜欢这样的人生吗?

依我看,人生如棋,如围棋,对于一辈子的人生更是如此。起初布局的时候,运用自己熟悉的定式就如运用自己掌握的知识,局部间的定式配合形成了全局的发展路向,犹如将自己的知识有效地组合起来,向自己的人生目标进发。棋入中盘,为了向对方进攻或化解对方的进攻,你要学会评价优劣、权衡利弊,学会各种战术,如声东击西、暗度陈仓、丢卒保车、巧取豪夺,甚至背水一战、浑水摸鱼等。这些颇像一个人青壮年时,在社会上为了功名利禄而东奔西忙机关算尽甚至不择手段的情形。棋有中盘胜者,犹如人之早成霸业;棋可能因此结束了,人生也可能因此而结束,除非另开一个新局,这也是人生无限之所在。棋近终局,战云消散,风平浪静之下的"官子"其实着着胜负攸关,弈者仍得小心应对终能获胜。通观全局,棋初的全局策划及中盘时的战役策划是夺取胜利的关键,没有好的策划则棋局难以战胜。人生亦如此,没有合适的人生目标和完善的人生计划,你能指望有一个成功的人生吗?

2. 填写自己的生涯规划是一件很重要的事,应该让学生认真思索和填写,填写的过程也是学生进行生涯思索和探求的过程,对于一个高中生来说,有必要让其思考自己未来要成为一个什么样的人。

(1) 在下面的表格中填写,在不同的生命时限内你最想完成的三件事。

(2) 填写完这张表格以后你有什么感想?

| 如果生命只剩下…… | 我最想完成的三件事 |
|---|---|
| 五年 | 1 |
|  | 2 |
|  | 3 |
| 一年 | 1 |
|  | 2 |
|  | 3 |
| 一个月 | 1 |
|  | 2 |
|  | 3 |
| 一天 | 1 |
|  | 2 |
|  | 3 |
| 一个小时 | 1 |
|  | 2 |
|  | 3 |

3. 引导学生填写自己的生涯规划。填写的过程也是学生进行生涯探索的过程，应让学生认真思索和填写。填写以后，在学生间彼此交流，让学生了解别的同学的理想和选择，看到自己与别的同学的相同点和不同点，以利于进一步进行思考和探求人生之路。

所谓规划，就是将未来的事情摆放在面前，然后现在就为它做些事情。请你想象一下在未来的日子里，你将拥有怎样的生活呢？你会干什么？和什么人在一起？在每个年龄阶段，什么对你来说是最重要的呢？在制订你的人生规划时，除了考虑年龄阶段外，还应着重考虑以下几个方面：

（1）生活方式：你想从生活中得到什么？换句话说什么对你最重要？例如家庭、名声、事业或者金钱。

（2）有何特长：所谓特长，指你的特殊才能，这在规划职业生涯时应予以重点考虑。如果你没有特长，那么就应尽早去"充电"。

（3）确定专业：即兴趣所在。请思考这些问题：我想干什么？我能干什么？我应该干什么？我会选择什么？我绝对会拒绝干的又是什么？

（4）判断现状：此时你正处于哪个阶段？这阶段有哪些特别之处？紧要的事儿有哪些？尽量以"局外人"身份进行判断，然后对原计划作出相应调整。

总之，每个人都能在一定程度上把握自己的前途。请你思考并填写自己的生涯计划：

15—20 岁 _____

_____

20—25 岁 _____

_____

25—30 岁 _____

_____

30—35 岁 _____

_____

35—40 岁 _____

_____

40—50 岁 _____

_____

50—60 岁 _____

_____

60 岁以后 _____

_____

教师小结：现在，你可以为实现你的人生规划开始行动了！这是最艰难的，因为要求你停止梦想而切实地开始行动。一切理想只是一个目标得以确立后开始实现的一个条件，但不是全部。如果理想不转换成行动，理想终归是理想。要想实现你的人生理想，还必须集中精力、全力以赴。

4. 指导学生阅读以下职业规划"十记"，可为学生生涯规划和做选择时提供参考。

（1）无论你现在或将来从事什么职业，对职业要负责这一点切切不可忘记。简言之，就像一名牙科医生对他医治的患者要负责那样，你一定要对自己的职业认真敬业、勇挑重担、兢兢业业、恪守职业道德。

（2）切记和谐融洽的人际关系非常重要。实践证明，与同事间人事关系融洽将使工作效率倍增。

（3）要优化你的交际技能。优良的交际技能可为你谋职就业提高成功率。例如，美国硅谷科技园区的许多高技术公司在招聘时，不仅考察技术，同时还考察受聘者的交际技能。成功的受聘者在听对方说话时，会认真努力去理解对方话语的含义，之后再解释自己的有关见解。

（4）要善于发现变化并适应变化，不管周围环境及你人生某一阶段出现何样的变化，你都应该善于发现其中的各种机遇，并抓住这些机遇。

（5）要灵活。未来时代的工作者可能必须要经常转换职业角色，这就是说你要善于灵活地从一个角色迅速转换到另一个角色，方能适应时代环境的变化。在你未来人生职业角色的屡屡转换中，欲取得成功必须要学会灵活才行，非如此不可。

（6）要善于学用新技术。或许你想当一名作家，但在当今时代作家欲获成功也必须不断学用并掌握新技术技能才行，比如作家必须同时成为一名计算机文字处理员、打字员、网上发行员，这样才能获得成功。

（7）要舍得花钱花时间学习各种指南性知识简介。目前，各大学、社会研究机构、其他组织开办了各种各样的实用性半日、一日或两日即可学完的知识简介科目，这些科目你可试学，若试学后觉得自我感觉良好，学后大有实用价值，那么不妨再深入学下去。这类指南性知识简介科目的试学可能是预测新领域内"水深度"的最简便易行事的方法。

（8）摒弃各种错误观念。当你考虑某新职业或新产业时，观念一定要更新，以防被错误思维误导。例如，现今考虑医疗保健行业时，应清醒认识到它已走向了市场化、价值化，这与五年前医疗保健业有很大不同。

（9）选择就业单位前应多做摸底研究。当你欲加盟一家公司前，多下点力气去研究这家公司的风格和行为十分重要和必要。

（10）要不断开拓进取、不断开发新技能。一个复合型的社会将不仅需求专业化、知识同时还需求通用化及灵活式技能。

教师小结：物理学可称为是一项专业化知识，而研究能力、交际能力和洞察事物能力则是通用技能。一名专业工作者若能借助于专业知识及通用技能综合武装自己，才更能适应未来年代的挑战和竞争。

**（四）建议与说明**

1. 结合学生对"如果生命只剩……你最想完成的三件事"的思考和填写，让学生总结生涯选择的意义,自身在进行生涯选择是优先考虑的因素。

2. 填写自己的生涯规划是一件很重要的事,应该让学生认真思索和填写,填写的过程也是学生进行生涯思索和探求的过程,对于一个高中生来说,有必要让其思考自己未来要成为一个什么样的人。

3. 生涯的规划和选择是一件较复杂的事,本主题活动只是让学生初步了解什么是生涯规划和选择,了解生涯规划和选择的作用及意义。

4. 本课适合高中年级一年级的学生。

5. 本课例选自吴增强、蒋薇美著的《心理健康教育课程设计》,中国轻工业出版社,第277—282页。

## 本章小结

1. 心理健康教育课程就是以学生为主体,根据不同阶段学生的身心发展特点,运用心理学和教育学的理论和方法,对学生心理素质的培养,以达到学生身体和心理协调发展的目的。

2. 心理健康教育课程设计原则包括科学性原则、过程性原则、联系实际的原则、整体性原则、发展性原则、多样化原则。

3. 心理健康教育课程的形式包括热身活动、情景体验、讨论分析、角色扮演、团体辅导等。

4. 心理健康教育课程的内容可以分为:学习辅导、人格辅导、生活辅导和职业辅导。

## 思考与讨论

1. 什么是心理健康教育课程?

2. 在心理健康教育课程的设计中如何体现设计原则?

3. 心理健康教育课程的内容包括哪些?

4. 按照年龄阶段进行辅导时,各辅导模块有何不同?

# 第八章　辅导者的个人成长

【学习目标】

1. 了解培养积极自我的相关内容。
2. 认识辅导者的情绪调适过程。
3. 掌握辅导者的专业成长策略。

就学校心理辅导工作者群体而言,个人成长是一个不可忽视的问题,也是决定心理辅导效果的重要条件。本章为了针对这问题进行有效的引导,对辅导者的自我、情绪和调适等方面进行以下阐述。

## 第一节　构建积极的自我概念

在美国一间黑人教堂的墙上,刻着这样一句话:"在这世界上你是独一无二的,生下来你是什么这是上帝给你的礼物,你将成为什么这是你给上帝的礼物。"上帝给你的礼物,我们无法选择,你给上帝的礼物——你将成为什么样的人,全由你自己创作,主动权在你自己,那就是:认识自我、悦纳自我、激励自我、控制自我、完善自我、超越自我。这才是走向成功和卓越的自我。

人的许多烦恼,许多困惑,都与对自己的认识和态度有关,也就是说与一个人的自我意识相关。对心理辅导者来说,了解自我意识发展规律,积极地进行自我探索,客观地认识自我,不断地提升自我,是非常重要的。

### 一、自我概念

自我概念是个人对自己概括的认知和描述。例如,说自己是一个怎样怎样的人。

自我概念的内涵也十分复杂,涉及人格的整体。

所谓自我的结构,是指自我由哪些心理成分或基本表现形式所构成。

詹姆士提出的是一个"扩大的自我"。这个"扩大的自我"包括所有能用"我的"来称呼的事物,如我的学习、我的身体等。这个自我还可以区分为物质我、精神我、社会我和纯粹的我四个既相互联系又相互区别的组成部分。

人本主义心理学家罗杰斯提出了自我的另外一种分类,即把"我"分为"现实自我"与"理想自我"。现实自我是指人对自己当前状况的评价,即"我"的现实。理想自我是指个体设想的"我",包括对自己应该怎么样,将来怎么样,希望自己怎么样的认识。

在罗杰斯的自我理论中,他提出:理想自我与现实自我之间的差距可作为心理健康的指标;现实自我与理想自我的和谐统一就是自我实现。

下面阐述一些有关积极自我概念的内容。

积极的自我概念是建立在对现实自我全面客观知识基础上的一种积极态度,意味着一个人对自我的认同和积极接纳和一个人对自我的不断完善和发展。

要形成积极的自我概念,需要关注自己存在的意义。弗兰克尔的意义治疗学说中提倡个体必须寻找生命的意义。他强调,追求人生的意义是人的本性,如果个体没有对人生的意义予以思考,那么这就不是人的真正生活:当个体找到和实现了自己生命的意义的时候,他不仅会变得很开心,而且还会面对生命的苦难……甚至准备付出他的生命。因此,思考与关注自己存在的意义与价值,有利于我们形成积极的自我概念。

此外,要形成积极的自我概念,还需要成功的体验。成功可以增强人的自我效能感,提高自信心,是获取更大成功的条件。对于较少取得成功体验的个体来说,一个重要的方法是:先从一件事情上获得成功,先从小事上获得成功,先从一个不太难的事情上获得成功,这样可以为获得更多方面的成功、更高目标上的成功创造条件。


【阅读资料】

### 偶然的成功

合姆威是西班牙的一个制作糕点的小商贩。在狂热的移民潮中,他也怀着掘金的心态来到了美国。但美国并非他想象中的遍地是黄金,他的糕点在西班牙出售的数量和在美国出售的数量,根本没有多大的区别。

1904年夏天,哈姆威知道美国即将举行世界博览会,他把自己的糕点工具搬到了会展地点路易斯安那州。值得庆幸的是,他被政府允许在会场的外面出售他的薄饼。

他的薄饼生意实在糟糕,而和他相邻的一位卖冰淇淋的商贩的生意却很好,一会儿就售出了许多冰淇淋,很快就把带来的用来装冰淇淋的小碟子用完了。心胸宽广的哈姆威见状,就把自己的薄饼卷成锥形,让他盛放冰淇淋。卖冰淇淋的商贩见这个方法可行,便要了哈姆威的薄饼,大量的锥形冰淇淋便进入顾客们的手中。但令哈姆威意料不到的是,这种锥形的冰淇淋被顾客们看好,而且被评为世界博览会的真正明星。

从此,这种锥形冰淇淋开始大行于市,逐渐演变成了现在的蛋卷冰淇淋。它的发明被人们称为"神来之笔"。有人这样假设,如果当初两个商铺不靠在一起,那么今天我们能不能吃上蛋卷冰淇淋也很难说。

别忽略你生活中的偶然,也许它就是你成功的开始。

(资料来源:流沙.偶然的成功[J].涉世之初,2004(1).)

## 二、认识自我

认识自己是每个人的心理需要,是一个人心理健康的基本原则和要求。不少人在学习、生活、工作中产生各种困惑、压力,正是因为对自己缺乏了解,缺乏正确的自我观念。正确的自我认识,可以使个体对自己有一个客观的、恰如其分的估价,既不妄自尊大,又不自卑丧志。然而,一个人认识自己比认识别人更为困难。正所谓:"人贵有自知之明。"人要能清醒地认识自己,正确地评价自己,是件十分不容易的事。心理学研究发现,尽管许多人认为对自己是了解的,但事实上他们并没有很好地了解自己。这是由于人们在认识自我时,除了受认识对象因素的影响外,还受到其动机、需要、愿望等其他心理因素的影响。特别是青年人,由于各种原因,他们或是自我感觉太好,对自己估计过高,过于自信,结果视而不见、听而不闻,再好的意见、经验,都会从眼皮底下溜走,以致自己裹足不前;或是对自己估计过低,缺少自信过于自卑,这两个方面都会使人丧失适合自我发展与成功的机会。

全面、正确的自我认知是形成正确自我意识的基础。自我认知是从多方位建立的,既有自己的认识与评价,也有他人的评价。我们可以借鉴学者们提出的一种较有效的方法,分几个步骤操作实施:

第一,用尽量多的形容词描述自己。这个过程一定要认真仔细,要忠实于自己的内心。

第二,他观自我的描述。描述父母眼中的我、同事(同学)眼中的我、老师眼中的我、恋人眼中的我、兄弟姐妹眼中的我,然后再寻找这些描述中共同的品质,将其归类。描述的维度越多,你越会找到比较正确的自我。

第三,当将这些描述清晰地整理出来时,你可以与你的同学、家人、朋友,恋人等沟通,听取他们对你自己评价的认同度,这也是自我过滤的过程。先将自己的优点列出,并得到大家的认同,再写出自己的弱点,请大家帮助分析,这些澄清的过程也是自我认识不断深化的过程。这一过程中可以借助于 WAI 技法。

WAI 技法是"Who Am I"的简称。对"我是谁"这样的问题自问自答,因其形式上是自由书写 20 种回答,故也被称为二十句测验(Twenty Statements Test)。WAI 法始于 50 年代,以"我"字开头的 20 空行,并印有 1—20 的番号。要求被试针对"我是谁"这样的问题,用 20 种相异的回答,说明头脑中浮现的关于自己的想法。

第四,注意避免进入自我认识的误区。在此我们讨论几种主要的要避免的认知偏差。

避免过分追求完美。过分追求完美的人往往不能容忍自己的某个或某些"不完美"的表现,甚至于对那些在很多人身上同样会遇到的问题也看作是自己的"缺陷"而难以忍受。这样的人往往对自我十分苛刻,他们自视甚高,只能接受理想中完美的自我形象,而无法接纳现实中平凡或有点缺点的自我。

避免过度自卑。过度自卑的人,往往只看到了自我中的某些缺点或缺陷,而忽略自身的长处。在日常生活中,他们往往不喜欢自己,否定、抱怨、指责自己;他们往往感到自己什么都比不上别人,处处低人一等;他们待人处事往往缺乏信心,严重的可能因自我否定继而自我厌恶甚至走向自我毁灭。

### WAI(认识自我)测验

指导语:请用陈述句,围绕着"我是谁"这样一个问题,用 20 种不同的回答填写出能表现自己的句子。

1. 我是……

2. 我是……

……

20. 我是……

当填写完毕时,请参考以下知识点,对自己的描述予以分析:

1. 生理自我。生理自我是指个体对自己外表和体质状况的观察和认识,包括外貌、风度、健康状况等方面。如:我是一个个子高高瘦瘦的人。我是一个样子清秀的人。我是一个留短发的女孩。

2. 心理自我。心理自我是指个体自己精神世界的观察,包括对自己的智力、能力、性格、兴趣、爱好、特长等方面的观察和认识。如:我是一个喜欢运动的人。我是一个有唱歌专长的人。我是一个性格外向的人。

3. 社会自我。社会自我是指个体对自己所处的时代、国家、民族、阶层的认识和对自己社会地位和作用、人际关系、社会责任和义务方面的认识。对老师来说,主要是自己在教研组、教研室、学校中的位置和作用,公共生活中的举止表现以及社会适应能力。如:我是一个在好朋友或在同事中说话比较权威的人。我是一个在单位里受欢迎的人。我是一个在家里受重视的人。

4. 现实自我。现实自我是指人对自己当前状况的评价,即"我"的现实。

5. 理想自我。理想自我是指个体在意识中希望将自己塑造成的那个"我"。

## 三、悦纳自我

悦纳自己,就是对自己的本来面目抱认可、肯定的态度,它是自我意识健康发展的关键和核心。它涉及一个人是以积极的态度认可自我,形成自尊,还是以消极的态度否定自我,形成自卑。

悦纳自我要做到以下几点:

首先,要喜爱自己,欣赏自己,体会自我的独特性,在此基础上体验价值感、幸福感、愉快感与满足感。

其次,理智与客观地对待自己的长处与不足。既欣赏自己的优点与长处,也能正确冷静地对待挫折和失败。对于挫折和失败所带来的消极情绪,要认真分析其原因,再通过适当的方式及时宣泄出来,并且要认真总结经验教训,尽量使以后不再犯相同的错误。

再次,要处理好理想自我和现实自我之间的关系:

(1)要发挥理想自我和现实自我之间冲突的积极作用。现实的自我属于现在,而理想的自我属于未来,个体在两者的认识上总是存在着一定的差距。若两者认识的差距过小,理想自我的激励作用就减弱,人的前进动力不足;如果两者认识差距过大,人总是要追求完美,总是给自己设置过高的、力所不能及的目标,此时,不管他已经取得多大的成功,他总是不满足,总认为自己做得不够好,所以他总是有失败和挫折的感觉,总是使自己陷入自卑和焦虑之中。因此,现实自我和理想自我距离适当比较好。这样的话,个体对自我现实和自我理想之间的认识比较统一,比较符合自己的实际情况,只要经过一定的努力,自我理想的计划能够付诸实施并且能取得令人满意的结果。因此,客观、清晰、深刻地认识自我现实,全面、合理、严格地制订进取计划,积极完善自我,可使现实自我与理想自我在冲突中发挥积极作用,最终达到理想化的境界。

(2)要避免理想自我和现实自我之间冲突的消极作用。现实自我与理想自我冲突的消极作用,主要发生在两者认识的不切实际上。将理想自我的标准定得过高,好高骛远,认为自己什么都行,这是一种表现;消极作用的另一种表现是,个体在外界压力下内心严重不安、焦虑和痛苦,个体的自尊需要屡遭挫折,羞辱感一再受到强化,从而导致自我意识的否定,个体总感到自己低人一等,认为自己什么都不行,自暴自弃。

自我冲突消极作用的两种表现的根源是一样的,都是现实自我与理想自我之间的失调,两种表观对心理活动的影响也是一样的,都是自我意识的不完善而产生的消极作用。

## 第二节　辅导者的情绪调适

心理辅导者不仅需要处理因为自身生活带来的心理困惑与情绪问题,心理辅导工作本身也是一个很有压力的工作,如果辅导者自身的一些心理问题尚未处理好,也更容易在辅导工作中受到来访学生的影响,从而把自己的情绪带入到辅导工作中,甚至由工作中产生的负面情绪进一步影响辅导者自己的生活。因此,心理辅导者的心理健康与情绪调适也受到越来越多的重视。

### 一、新手辅导者如何应对焦虑与担心

新手辅导者从辅导开始之前就会产生一系列的担心与焦虑,担心自己不能很好地把握辅导过程,也担心自己会犯错,会给来访者带来更多的困扰。比如,担心在评估学生问题时犯错,或者在来访者呈现了多个困难后不能决定聚焦于哪个问题。

作为辅导者,需要认识到,所有的辅导者都会犯错,只不过经验少的辅导者更容易犯错而已;即使随着经验增长,大多数辅导者仍会有一些会谈与之前对来访者的评估

并不相关。辅导者还需要认识到，我们并不是仅仅在借助自己的人生经验去解决来访者的问题，我们可依靠的心理咨询与治疗的理论是我们可以借助的重要工具，它可以指示我们去看什么，去倾听什么。在来访者看来很随机的事情，当我们借助理论去分析时，便能够看出事物之间的联系，像是一个把一群看似混乱的星星串成星座的过程。

比如，借助认知理论模型，辅导者可以分析自己焦虑背后的不合理信念，用更合理有效的信念去替代那些不合理信念。理论不仅可以帮助辅导者，也可以帮助你的来访者。用理论去解释时，学生的学习拖延与退缩，会展现为一系列支持这类不良行为背后的不合理信念，通过对这些不合理信念的处理，能有效地帮助学生处理顽固的学业拖延问题。

当然，对于新手辅导者来说，理论的掌握与学习也并不是越多越好，辅导者需要选择一套作为日常工作模板的理论，就需要选择更适合自己的。这意味着你不应该仅仅因为在学校学习过某一特定理论而选择它，也不应因为某套理论在你的同事中很流行而选择它。最适合你的理论是你在积累辅导经验的过程中，适合你的性格、长处和个人人生观的理论。当理论与你更匹配时，理论就会支持你，给你更多的力量，而不是限制和约束你。

除了对自己能力的担心外，新手辅导者对于辅导过程中的停顿、沉默，也会引发辅导者的焦虑，他们常常担心来访者会将停顿认为是辅导者缺乏经验或没有能力解决问题。要记住，辅导者往往会比来访者更注意到这些停顿。当来访者注意到停顿时，他们会认为这是辅导者在思考——当来访者前来对某一个困扰他们的问题寻求帮助时，他们是不会对辅导者花时间思考问题作出什么批评的。

有经验的辅导者都会承认，500 小时的辅导经验是一个重要的转折点。当工作经验积累到一定的小时数，辅导者会意识到自己的焦虑水平有显著的下降，也会对自己的工作能力有更多的信心。

## 二、关注心理辅导者的反移情

在心理辅导的过程中，移情和反移情是时常会发生的现象。移情是求助者将自己过去对生活中某些重要人物的情感和态度投射到治疗师身上的过程，发生移情时，求助者过去未曾解决的问题，会使他们对治疗师的知觉和反应方式产生变形。这些未解决的问题根源于求助者过去的人际关系，而现在又直接指向治疗师。反移情是指辅导者对来访者的情感和态度。它是辅导者针对移情或麻烦自己的事物作出的真实、本色的反应。辅导者的反移情反应可能是有益的，也可能是有害的。个性化、习惯性的反应每时每刻都等待着时机，以便以反移情的方式表现出来。

有危害性的反移情出自辅导者本身的伤痛，在下列几种情况中常常发生：（1）我们盲目地进入一个重要的探索领域，尤其是与学生父母的原生家庭相联系的一系列深层问题；（2）辅导者所关注的问题与自己有更大的关系，而不是出于对来访者需要的考虑；（3）我们利用来访者作为代用性的或真正的满足对象；（4）我们会发出一些微妙的线索去诱导来访者探索某一领域的问题，却并不是来访者真正认为重要的领域，甚至我们自己都没有意识到那些微妙的线索；（5）我们的干预措施不符合来访者的最大利益；（6）我们采用了来访者根据他固有的交往模式希望我们扮演的角色。

以下情形在咨询中经常出现，括号中给出了处理建议。

1. 来访学生因为你不给提供家里的电话号码，感觉很难过。她指出，虽然你口头上说很关心她，但是她在需要时却不能联系到你，她希望你能把私人手机号码给她。

（来访者对不能在任何时候都找到你作出的情绪反应，便是移情。可能的反移情，包括你的挫折感、愤怒和失败感）

2. 来访者反复地邀请你到他家里参加家庭社交聚会。尽管你已经向他解释"双重身份"的问题，他仍然说，如果你真正关心他，你就能够参加这些活动。

（来访者对你与他建立社交关系的期望，便是移情。可能的反移情包括让他失望的感觉、难过和不耐烦）

心理辅导者的反移情需要小心地控制，以避免干扰到辅导工作。反移情反应是源自于辅导者的未完成事件，可能带来好处也可能带来坏处。为了使我们作为辅导者控制好自己的反移情反应以有利于治疗，我们必须开始意识到这些反移情反应是什么，以及对我们有什么意义。

为了有效地处理咨询关系的裂痕，作为辅导者，我们需要保持对自己以及自己最深的情感的开放性，无论是过去或现在，无论是快乐或艰难。对自身保持开放的过程，需要在我们的生活中找出或留出足够的空间，以便与我们自身保持协调和感受自己的感受。除了在安排上留出时间和空间，像冥想、深呼吸、运动和躯体审查这样的活动也能有助于这一过程。辅导者还可以通过个人体验咨询、个人成长小组等活动，解决自身的心理问题，或是通过督导来发现并处理自己在辅导工作中的反移情。

### 三、心理枯竭的应对

心理枯竭是指个体无法应付外界超出个人能量和资源的过度要求，而产生的一种身心耗竭状态，多见于助人的行业。

20多年来，许多国家的研究者对心理枯竭问题进行了广泛的研究，并逐渐关注教育领域。心理枯竭会表现在以下方面：(1)躯体症状。疲劳、肌肉紧张与躯体推敲，易出事故。(2)智力症状。决策能力下降、获取信息不足、工作痴迷。(3)社会适应症状。社会退缩、抱怨与玩世不恭、效能降低。(4)心理—情绪症状。否定与自责、愤怒与压抑、偏执、自我贬损、刻板。

法伯根据教师的不同表现归纳出三种心理枯竭类型：筋疲力尽型、狂热型、能力富余型。筋疲力尽型教师在压力下的表现是放弃努力，以减少对工作的投入来求得心理平衡。这类教师的心理枯竭一旦出现，要想恢复就很困难，因为这些症状会得到自我强化。狂热型教师有着极强的成功信念，能狂热地投入工作，但理想与现实之间的巨大反差使他们的这种热情通常坚持不了太长时间，整个信念系统突然塌陷，最终屈服于精力耗竭。能力富余型教师认为凭自己的能力来做当前的工作是大材小用，因而厌倦工作。

导致心理辅导者心理枯竭的原因有个人因素，也有环境因素。心理辅导教师职业的特殊性造成的角色模糊是教师感到压力、紧张和倦怠的根源，学校、社会对心理辅导教师的期望和评价与教师的付出不成比例，导致教师的成就感低；此外，心理辅导教师的过度负荷也是产生心理枯竭的主要原因。

为了克服心理服务工作中的心理枯竭，辅导者自身需要做到：第一，建立对心理辅导合理的期望，加强自我觉察能力，要充分认识到自己的能力所长和局限，不要去做自己力不从心的工作，以免增加不必要的挫折；第二，心理辅导者个人需要提高适应性和承受挫折的能力，通过提高自身的自我效能，保持良好的情绪状态，学习有效的应对技能。第三，建立有效的社会支持。心理辅导人员自身也需要有求助意识，要乐于合群，多交朋友，不要自我封闭，寻求更多的社会支持。

消除和缓解心理辅导教师的心理枯竭，还需要学校和社会各个方面的共同作用，学校等组织要为心理辅导教师提供工作开展的自由度和自主权，多创造条件让他们主动参与学校民主管理，社会应当提供更多的支持和保障，为心理辅导人员的发展创设良好的环境。

# 第三节　辅导者的专业成长

辅导者的专业成长对于辅导工作的成败也起着非常关键的作用。下面主要介绍教师成为心理辅导员的意义、心理辅导员的胜任特征以及如何成为有效的心理辅导员三方面的内容。

## 一、教师成为心理辅导员的意义

一般认为,学校心理辅导属于专业性很强的工作,需要专业水平很高的人员担任。"学校心理辅导是一种专业,辅导工作者应受过完整的训练,不但具有辅导的心肠(爱心、耐心),还要有辅导的知识、技能与实习的经验"。目前在我国,心理教师与普通教师(包括科任教师、班主任及其他教育者)的区分并不十分清楚。普通教师可以承担心理健康教育的任务,甚至是大多数学校心理工作的主要承担者,有些心理教师也是从普通教师中成长起来的。尽管是非专业或半专业的,普通教师在学校心理工作中的作用也是不可或缺的,对于学校心理辅导有其特殊的意义,具体表现在以下三个方面:

1. 支持:普通教师可以采用各种方式对心理教师提供专业或精神上的支持,普通的科任教师利用班级活动支持专业心理教师,使他们的心理教育计划能得到有效的实施。

2. 转介:转介是学校心理工作中的重要环节,主要目的在于把有需要的学生推荐给专业人员,使学生能获得最有效的帮助。普通教师可以把问题学生转介给心理教师,转介过程应该以学生的利益为中心,力求给予最适切的服务。

3. 服务:学校内所有教育教学人员都是服务性的,包括对学生的服务以及教师之间的彼此支持、对社区内团体与机构的服务。普通教师与专职心理教师在承担学校心理辅导工作时并无绝对界线,比如,他们都可能做咨询、转介、家长辅导等工作,双方的差异可能只是在层次与深度上。

## 二、心理辅导员胜任特征

中学心理辅导是一项专业性很强的工作,由于它面对的是中学生,服务对象本身的特点决定了中学心理辅导工作具有特殊性,其教育效果往往受制于专兼职心理教师所具备的与中学心理辅导相关的胜任特征。参照国内外有关胜任力及心理健康教育的研究成果,教师成为有效心理辅导员的胜任特征可概括为以下几个方面:

(一)职业理念和专业意识。正确的职业理念和专业意识是教师胜任心理辅导工作的前提,它会在价值观、职业角色观等方面体现出来。第一,教师职业价值观制约着教师在心理健康教育方面的生命力。美国学者柯瑞(Corey)指出:"咨询员与当事人所沟通的就是价值观。"教师自身的人生观、价值观和对教育价值的判断等,在心理辅导的过程中都具有重要的教育价值。教师应紧跟并内化健康积极的价值观,在对学生接纳的基础上,通过充分沟通与分析讨论,引导学生去思考、感悟、选择,从而建立健康向上的价值观、人生观,帮助他们逐步成长。第二,教师的职业角色是接纳者、商谈者和辅导者,而不是灌输者、说教者和评论者。心理辅导并不是主要解决学生的人生观、价值观问题,而是他们的成长问题。学生不是被动接纳的容器,他们往往会用自己的思维方式、自身的经验体系来选择并接收外界信息,建构自己的人生观与价值观。因此,教师在进行心理辅导过程中应重在对学生价值观的梳理、人际沟通的训练和良好情绪的重建。

(二)良好的人格特质。教师的人格特质是教师在心理辅导过程中具有的品质方面的自我修养,其中最重要的是在进行心理辅导过程中所体现的人格特质因素,如情感、价值观、对生命意义的深刻理解、人生追求等。这就需要教师的人格特质与心理辅导工作相吻合,以此保证心理辅导工作的开展。优秀的人格特质是教师胜任中学心理辅导工作的核心和关键。人格维度研究表明,外倾性、宜人性、责任感、情绪稳定性和开放性是最重要的人格特质。教师是否胜任心理辅导工作具体表现在以下两个方面:第一,宜人性和开放性。宜人性是个体是否值得信赖、富于同情心、注重与人合作等方面的特质,开放性不仅是在人格意义上的开放,还包括经验的开放和探究态度。教师应以开放接纳的心态来面对来访学生,通过同感与学生建立起真诚的理解和信任关系,真正实现心灵上的沟通;第二,责任感和情绪稳定性。责任感是个体对工作的控制力状况。情绪性表现为个体对自我情绪的调控。一般来说,中学生情绪变化大,意志比较薄弱,心理与行为容易受各种内外环境因素的影响,具有易反复、见效慢的特点。因此,在中学阶段的心理辅导更具艰巨性和长期性,教师更要坚信该项工作的重要意义,勇于面对教育过程中出现的困难与挫折,增强效能感。

(三)专业知识与技能。心理辅导的专业知识与技能的熟练程度,是教师胜任中学心理辅导的基本特征。正确的职业理念和特定职业的人格特质最终都要以专业知识与技能为载体才能得以贯彻和实现。中学心理辅导是一项具有系统工程性质的特殊教育过程,既属于行为科学范畴,以教育学、心理学、社会学、心理卫生、医学等学科为基础,还必须接受专业培训,提高专业知识水平,具备专业技能,这样才能胜任中学心理辅导工作。当前中学的心理辅导,既包括面向全体学生开展的发展性心理辅导与教育,也包括面向部分学生开展的矫正性心理辅导与教育。但是,前者应该是学校心理辅导最主要的内容。教师要有效地开展心理辅导,就应在了解心理学相关知识的基础上,掌握对学生心理问题进行正确评估与诊断的专业技能,围绕某主题设计并实施团体辅导活动的技能,以及实施个案心理辅导的技能等。

(四)较强的科研能力。在所有教师专业化发展过程中,都要求有较高的科研能力。心理辅导是一个全新的领域,许多地方都还需进一步深入、系统研究和探讨,如心理辅导的目标、内容、模式、方法等都尚未形成统一的意见和看法,这势必影响教师开展心理辅导工作的有效性和有序性。另一方面,心理辅导工作有很强的地域性,有极强的地方特色。比如,东部沿海发达地区中学生的心理问题与西部内陆欠发达地区中学生的心理问题存在较大差异,心理辅导的内容与方式肯定会有相应的不同;同一地域的大中城市与县级城市,不同民族、不同学校的学生也都存在较大差异。教师在开展心理辅导工作时,不仅要承认共性,还要注重其个别性、特殊性。教师要因地制宜地研究调查本地区、本校学生的心理现状和问题,有的放矢,制订出能适应本校学生的心理辅导方案。教师只有通过研究与开发,探索符合本地区、本校实际的心理辅导活动,才能将心理辅导工作作出实效,作出特色。因此,教师要成为有效的心理辅导员必须具备较强的科研能力。

## 三、如何成为有效的心理辅导员

从以上有效的心理辅导员胜任特征的分析可以看出,要胜任学校心理辅导工作并不是一件容易的事情,它对教师素质提出了较高要求。要成为有效的心理辅导员,不仅需要教师作为心理辅导员的个人成长,还需要开展有效的教师心理辅导支持系统。

### (一)教师作为心理辅导员的个人成长

教师要成为有效的心理辅导员,从根本上需要教师自身在心理辅导的专业知识、专业技能和专业自我等方面不断完善与发展。教师要正视自身存在的问题,以实现自我的专业发展为本,在培养人才、促进学生成长的同时,实现自身的专业发展,获得专业的建树,实现对自身生命意义的建构和提升。

第一,努力提高专业发展的自觉性,不断提升心理辅导的专业素质。心理辅导是一项动态的不断变化的过程。教师要成为有效的心理辅导员,需要不断地学习与探索心理辅导的规律,以拓展其专业内涵,提高专业水平,从而达到专业成熟的境界。因此,教师在心理辅导实践中,要确立自身专业发展理念,努力提高专业发展的自觉性。

第二,要学会自我反思。所谓的反思,就是教师着眼于自己的活动过程来分析自己所作出的某种行为、决策以及所产生的结果的过程。教师要特别重视对关键行为事件的反思,教师就自己在从事心理辅导过程中所认为成功或失败的事件进行回忆,通过个人专业反思发掘或揭示这些事件、经验或行为背后的教育思想、理念,有利于发现心理辅导的本质、规律与价值等。此外,教师还应学会剖析发生在周围或他人身上的对自身影响较大的事件,因为他人的教育经验、教学策略等都蕴涵较高的实际应用价值,对教师自身的专业成长有极大的帮助。

第三,要积极参与行动研究。行动研究的特点是"为了行动而研究,对行动进行研究,在行动中研究"。教师参与行动研究是指教师在心理辅导过程中,从实际的辅导工作中寻找课题,并把研究成果运用于实践的过程。教师开展心理辅导的行动研究时,既可以开展心理辅导的实验课题研究,针对学生普遍存在的问题,设计一些研究课题,如学生适应辅导、人格心理辅导、自我意识辅导、人际交往辅导、职业生涯辅导、网络心理辅导、性健康教育等,还可以从事心理辅导的个案研究,在实践中收集、选择案例,对学生的个案进行深入剖析、比较、归纳,在不断的总结、评价和反思中提高自己的心理辅导技能,再运用于案例的拓展实践。

### (二)专业培训与技能实践

心理辅导者的学习过程是一个在理论基础上不断实践的过程。心理咨询师要成为经验丰富的咨询师要经历八个阶段:(1)常规阶段;(2)专业培训的过渡阶段;(3)模仿专家阶段;(4)有条件的自主阶段;(5)探索阶段;(6)整合阶段;(7)个性化阶段;(8)完善阶段。咨询师在每个阶段都有最关注的主题。例如,初学咨询师必然更关心技能的培养,而不是个人的咨询特色,他们也更可能去模仿他们所见到的专家教师或督导的行为。随着职业化过程的进展,新的主题和关注点会不断产生。

心理辅导者的培训包括以下方式:(1)理论知识的学习,包括各理论流派的理论基础、主要技术、适用范围等知识的学习;(2)技术性技巧的学习与训练。这一方面的学习需要与技能实践的练习结合起来,单凭听教师传授、观摩都是远远不够的;(3)个人治疗(体验)。心理辅导者可能通过自己作为来访者,解决自己的心理问题,也可能通过这种体验,感受心理辅导的过程。(4)督导:个体/团体(案例讨论)。与督导相关的问题会在后续内容中详细说明。

很多辅导者在学习初期都会困惑于理论取向分支庞杂,不知道应该从哪儿开始,也不知道如何做选择。甚至有些学习者什么学习机会都不错过,参加各种心理辅导工作坊,最后仍然会感觉一头雾水,不知如何整合所学的知识,也难以把这些理论知识与实践相结合。

对于学校的心理辅导者来说,在开展心理辅导工作的早期阶段,系统详细的知识框架以及对各种实践技能的应用,能够满足辅导者的学习需要,满足他们希望成为有效的心理辅导者并体验自己胜任能力的要求。虽然在长期的专业发展中,辅导者需要熟悉更为广泛的咨询实践模式以及它们的优势与局限,但对刚入道的学习者来说,更需要一套容易掌握的核心工具和技能,比如,认知—行为理论取向的学习与实践便更能适应这种需要,认知—行为治疗是目前增长最快的疗法,也是被研究最多的疗法。该模式被推荐的主要原因在于,认知—行为框架对心理辅导理论的努力整合、注重实证评估并注重各种心理教育方式(例如自助形式、网络形式以及计算机辅导媒介形式等)。认知疗法通常还与其他疗法进行了整合,这十分符合当前取各家之所长建立整合治疗模型的尝试。

**(三) 接受专业督导**

随着学校心理辅导工作的不断发展,对于心理辅导人员的要求也越来越高。学生、教师和家长不仅希望得到心理服务,而且更希望得到高质量的心理服务。这对于中国学校心理辅导,不能不说是一种严峻的挑战。我们主张心理辅导的专业化与普及化是相互依存的两个方面,缺一不可,而督导是加强学校心理辅导人员专业化的主要途径与机制,这也是我们目前相当薄弱,但又非常紧迫的任务。下面我们主要讨论督导的概念、功能与任务,督导的方法与技术等内容。

1. 督导概念界定

督导是指咨询专长的督导者(supervisor)对心理咨询学习者(super-vise)或称为受导者,通过观察、分析、评价,在业务学习与实践操作上给予及时的、集中的、具体的指导和监督,以不断提高学习者对咨询专业的理解和操作技能的掌握,是专业人员业务提高和个人成长的重要环节。

2. 督导的分类

(1) 督导按时间可以分为在职督导和职前督导两类。在职督导主要是对正在从事或刚参加心理咨询工作的专业人员定期进行督导,以协助他们解决疑难个案,处理自身情绪;职前督导是对于实习心理咨询人员的督导。

(2) 督导按功能可以分为临床督导、发展督导、管理督导三类。临床督导的目的是提高咨询者职业技能和伦理精神;发展督导的目的是改进咨询和辅导程序,以及咨询者的职业发展;管理督导目的是对咨询者工作实绩的评估,其中包括咨询者与学校员工、学生家长的关系及其对学校系统的影响力。

3. 督导的目标与任务

(1) 督导的目标:根据一定的标准对受导者咨询过程加以观察及正确判断,然后给受导者以积极的、适当的、建设性的指示和辅导,使受导者改进咨询的技巧与方法,在咨询实践中能够和谐运用其能力,从而获得专业成长。

(2) 督导的任务:①激发受导者从事心理咨询工作的动机及兴趣;②指导受导者确定努力方向,制定可行的咨询计划;③帮助受导者选择咨询个案及制订团体咨询计划;④对受导者的咨询工作提供具体建议,改进其技巧方法;⑤指导受导者在助人过程中改善自我及专业水平,提高服务质量;⑥客观评价受导者的工作水平。

4. 督导的方式

督导可是以一对一的个体督导,也可以是小组督导,即督导师集体见他们的受导者。通常,个体督导每周一次,持续至少 1 小时。小组督导会持续至少 2 小时甚至更长,具体取决于参加督导的人数和每个受导者报告的案例数量。

个体督导和小组督导各有利弊。与小组督导相比,受导者在个体督导中能受到更多的关注。在职业选择、接下来的辅导经验和督导师选择等方面,个体督导以使受导者接受更多的指导机会;小组督导中,受导者经常要选择比较难处理的个案进行呈现,而且经常被分配到更少的时间来讨论每个案例。尽管有这些局限,但小组督导比个体督导更有机会听到更多的案例。这提供了更多的机会以接触到不同的问题与辅导方式。小组督导最大的优势就是受导者不但有机会得到督导师的反馈,也会得到其他不同培训水平的同伴的反馈。

总之,个体督导和小组督导各有利弊,这取决于受导者想要获得却在督导安排中感到缺失的经验。例如,如果你有一个非常棘手的案例没有在小组督导中报告,你可以尝试去获得每周一次的个体督导,直到感觉这个个案回到正轨。同样,如果你正在进行个体督导,却认为你更能从小组督导时的许多案例中获益,则可以和其他受导者组织一个非正式的同辈督导。

有时候,接受督导就像在接受审查一样,如果能够把评价焦虑放在一边,那么从更多的人那里得到反馈对于心理辅导者的成长与发展是极其有帮助的。

## 本章小结

1. 自我概念是个人对自己概括的认知和描述。自我概念的内涵也十分复杂,涉及人格的整体。

2. 积极的自我概念是建立在对现实自我全面客观知识基础上的一种积极态度,意味着一个人对自我的认同和积极接纳及一个人对自我的不断完善和发展。要形成积极的自我概念,需要关注自己存在的意义,还需要成功的体验。

3. 悦纳自己,就是对自己的本来面目抱认可、肯定的态度,它是自我意识健康发展的关键和核心。

4. 完善自我是个体在认识自我、悦纳自我的基础上,自觉规划行为目标,主动调节自身行为,积极改造自己的个性,使个性全面发展以适应社会要求的过程。我们应积极发挥自我意识中的积极因素,克服消极因素,培养健康的心理品质,达到与他人、社会和自然的理想和谐。

5. 心理辅导者最常见的情绪问题包括新手辅导者的担心与焦虑,辅导过程中产生的反移情带来的一系列情绪体验,以及长期的辅导工作会导致的心理枯竭现象。理论的学习、经验的积累、勇敢地面对自己的未完事件,实现个性的完善与成长以及接受督导,都能够有效地缓解辅导者的不良情绪体验。

6. 教师成为心理辅导员的意义,体现在支持、转介和服务三个方面。

7. 职业理念和专业意识、在心理辅导过程中所体现的良好人格特质、专业知识与技能以及较强的科研能力,是心理辅导员的胜任特征的四个方面。

8. 督导是指咨询专长的督导者对心理咨询学习者或称为受导者,通过观察、分析、评价,在业务学习与实践操作上给予及时的、集中的、具体的指导和监督,以不断提高学习者对咨询专业的理解和操作技能的掌握,是专业人员业务提高和个人成长的重要环节。

9. 督导的分类有:督导按时间可以分为在职督导和职前督导两类;按功能可以分

为临床督导、发展督导、管理督导三类。

10. 接受督导的方式可以是一对一的个体督导，也可以是小组督导。个体督导和小组督导各有利弊。

### 讨论与思考题

1. 对你来说，"理想的我"与"现实的我"之间的差距大吗？应该怎么样面对差距？
2. 心理辅导者最常见的情绪问题有哪些？
3. 有效心理辅导员的胜任特征有哪四个方面？
4. 谈谈个体督导和小组督导利弊各有哪些。